십대 마음 10大 공감

책따세, 십대와 함께 성장소설을 읽다

십대 마음 10大공감

김미경·이수정·지현남 지음

찰리북

십대와 어른이 함께 피울 이야기꽃 그리며

'어떻게 하면 아이와 솔직하고도 진지한 대화를 나눌 수 있을까?'

청소년을 대하는 부모와 교사라면 늘 고민하는 문제입니다. 학교에 갔다 오면 있었던 일을 지지배배 종달거리던 아이가 문을 꼭 닫고 제 방에 틀어박히기 시작하면, 부모는 사춘기가 시작되었다는 신호로 받아들입니다. 마찬가지로 쉬는 시간이면 쪼르르 달려 나와 선생님에서 제 고충을 시시콜콜 이야기했을 학생들도, 열서너 살을 넘기기 시작하면 달라집니다. 불러서 상담을 해봐도 겉도는 대답만 내놓을 뿐 쉽사리 제 마음속을 열어 보이지 않지요.

그렇다면 청소년은 정말로 어른과의 대화를 거부하고 있는 것일까요?

언뜻 보면 그렇게 보이지만, 속마음을 들여다보면 그렇지 않다는 것을 금세 알 수 있습니다. 청소년기 아이들은 아직 자신이 완전하지 않다는 것을 알기에 늘 또래와 어른들에게 인정을 받고 싶어 합니다. 자신의 외모가 괜찮은지, 성격은 호감을 주는지, 이 정도면 똑똑한지, 남자(여자)로서 매력이 있는지, 남들도 자신처럼 흔들릴 때가 있는지 확인하고 싶어 하지요. 다만, 독립된 개인이 되고 싶은 욕구가 강한 시기이기 때문에 그 마음을 들키고 싶지 않은 것뿐입니다. 실제로 청소년들에게 설문조사를 해보아도 '힘들 때 고민을 나누고 싶은데 잘 안 되는 사람'으로 아버지와 어머니를 많이 꼽습니다.

상황이 이러하니 청소년과 어른의 소통은 몇 겹의 장애물 달리기, 혹은 미로 찾기와 같다고 해야 할까요?

하지만 독립적인 인간으로 인정받고 싶어 하는 청소년의 욕구를 존중하면서, 그들의 혼란과 갈등을 함께하고 싶은 부모와 교사라면 어렵더라도 이 장애물 달리기를 절대 포기하지 말아야 합니다.

그렇다면 그 힘겨운 달리기를 도와줄 만한 어떤 길잡이는 없을까요? 어쩌면 책이 때로는 훌륭한 길잡이 역할을 할 수도 있지 않을까요? 이 책은 이러한 믿음에서 시작되었습니다. 즉, 청소년기의 갈등과 혼란을 잘 그려낸 '청소년 성장소설'을 아이와 함께 읽으면서 부모(교사)가 청소년과 깊이 있는 대화를 시도할 수 있도록 돕자는 것이지요.

이 책에는 십 년 가까이 학생들과 함께 읽어 온 성장소설 중, 아이들에게 호응이 높으면서 문학적인 완성도도 높은 작품 스무 권이 소개되어 있습니다.

작품을 그냥 무작위로 소개하기보다는, 청소년기의 갈등을 대

변할 수 있는 열 개의 성장 주제(몸, 마음, 동경, 부모, 친구, 사랑, 상실, 스승, 가난, 직업)를 정하고, 이 10대 성장 주제를 잘 담고 있는 대표 도서를 각각 두 권씩 소개하였습니다. 이 책의 1부에서 3부에 걸쳐 소개될 책들이 그것입니다.

1부~3부에 소개되는 10대 성장 주제의 첫머리에는 흔들리는 청소년들의 사연을 실어 놓았습니다. 사연만 보고 내 아이와 비슷하다고 느끼는 부모(교사)가 해당 성장 주제로 들어가 더 깊이 읽어 볼 수 있도록 한 구조입니다.

이 책이 만들어지기까지의 과정은 '들어가며'에 담았습니다. 10대 성장 주제를 선정하게 된 과정이나 이 책을 읽기 전에 참고하면 좋을 청소년 심리에 관한 책 소개 등 이 책을 알차게 활용하는 방법이 상세하게 안내되어 있습니다. '들어가며'를 먼저 읽어 볼 수도 있고, 다양하고 구체적인 청소년 사례가 궁금한 경우 바로 1부부터 읽으셔도 됩니다.

4부에는 성장소설 스무 권을 청소년과 함께 읽은 후, 부모나 교사가 어떤 부분에 초점을 맞추어 대화를 풀어 가면 좋을지 독후 안내를 '책읽기 자기읽기'라는 활동지 형식으로 실었습니다.

이 활동지는 청소년과 일대일로 만날 경우 대화의 방향을 이끌어가는 데 활용하면 좋고, 특별히 문제 청소년을 상담하는 경우라면 종이를 주고 빈칸에 직접 작성하게 해보아도 좋습니다.

반 전체를 놓고 수업할 때는 수업 자료로도 활용할 수 있습니다. 수록된 질문을 전부 다 활용하기보다는 상황에 맞게 추려서 활용하는 것이 더 좋을 것입니다.

이 책의 '들어가며'와 1부~3부의 '이런 아이 저런 모습', '아이 마음속으로 들어가면'은 김미경이 썼습니다. 그리고 '이럴 땐 이런 책'의 몸, 마음, 부모, 사랑, 직업 편을 지현남이, 동경, 친구, 상실, 스승, 가난 편을 이수정이 썼습니다. 저희 외에도 책따세에서 함께 활동하는 운영진 선생님들이 없었다면 이 책은 세상에 나오지 못했을 것입니다. 함께 설문을 돌리고, 결과를 분석하고, 좋은 책을 고르며 숱한 고민을 함께했고, 무엇보다 아이들과 세상을 껴안는 자세의 중요성을 늘 새롭게 일깨워 주는 책따세 선생님들께 감사드립니다.

독후 활동지 '책읽기 자기읽기'의 시각 자료들을 멋지게 디자인해 준 서강대학교 안혜진, 강수정, 주희연, 길유정 양에게도 감사의 마음을 전합니다.

이 책을 쓰는 동안, 제자들의 눈망울이 많이 떠올랐습니다. 때로는 멍하게, 때로는 슬프게, 때로는 총기로 반짝이던 아이들의 그 눈빛이 없었더라면 이 책을 쓰지 못했을 것입니다. 일일이 찾아다니며 허락을 구하지 못했지만, 자신의 마음과 삶을 나누어 준 아이들에게 감사의 마음을 전합니다.

모쪼록 이 책이 청소년과 진지하고도 솔직한 소통을 바라마지 않는 부모와 교사들에게 닿아 푸근한 이야기꽃으로 피어나기를 바랍니다.

2011년 푸른도서관에서 저자들

: : 차례 : :

책따세, 십대와 함께 성장소설을 읽다

: : 청소년 성장소설의 가치에 주목하다

교사인 우리는 한 해에만도 200여 명의 아이들을 만난다. 십대 아이들은 하늘을 향해 푸른 잎을 틔우는 한 그루 나무같이 싱그럽지만, 쉽게 자신을 열어 보이지는 않는다. 그래서 이 아이들과 제대로 소통하는 일은 생각만큼 쉽지 않다. 많은 경우 만남은 좌절되고 참된 배움은 일방적인 지식의 전달로 대체되고 만다.

십대 자녀를 둔 부모들도 대부분 상황이 비슷할 것이다. 모처럼 자녀와 마주 앉아도 공부에 대한 닦달이나 잘못된 행동에 대한 꾸지람만 하게 될 뿐, 아이가 무엇을 꿈꾸고 무엇을 걱정하는지 깊이 헤아리고 마음을 나누기가 쉽지 않다.

그 자리, 아이들과 마음을 나누고 싶으나 쉽게 소통이 되지 않는 그 자리에서 우리는 책을 골라들었다. 우리가 아이들에게 하고 싶은 말을 책이 대신해 주리라 믿으며 아이들에게 책을 건네 보았다.

그런데 우리가 건넨 많은 책들 중에서 아이들은 특히, 제 또래가 주인공으로 나오는 청소년 성장소설을 읽으며 저만 외롭고 힘든 게 아니라는 위로를 자주 받았다. 또한, 책을 깊이 읽는 아이들은 성장소설 한 권을 통해 자신만의 생각의 틀에서 벗어나 세상을 달리 바라보는 깨달음을 얻기도 하였다.

우리는 조금 더 많은 아이들이 청소년 성장소설을 읽으며 이러한 위로와 깨달음을 얻기를 바랐다. 같은 책을 읽고 아무 말 하지 않아도 공감의 눈짓을 나눌 수 있다는 것, 책에 속삭이듯 작은 글씨로 느낌을 적어서 함께 읽어 본다는 것은 사랑을 나누는 일이었기에 이런 나눔을 더 많은 교사와 학생이, 더 많은 부모와 자녀가 함께 할 수 있기를 바랐다.

그러면서 청소년 성장소설의 어떤 특성이 이러한 정서 안정과 깨달음의 효과를 내는지, 어떤 성장소설이 어떤 아이에게 더 잘 맞는지 등을 본격적으로 연구하기 시작했다.

성장소설이란 유년기에서 소년기를 거쳐 성인의 세계로 입문하는 한 인물이 겪는 내면적 갈등과 정신적 성장, 자신을 둘러

싸고 있는 세계에 대한 각성의 과정을 주로 담고 있는 작품을 지칭한다(한용환, 『소설학 사전』, 고려원, 1992, 241쪽).

성장소설에는 청소년이 자신을 책 속의 인물과 쉽게 동일시하여 책읽기에 몰입하게 한다는 특징이 있다. 우리가 경험한 바로는 성장소설 중에서도 청소년소설일 경우에 이러한 특징이 더욱 뚜렷이 나타났다.

십대인 주인공이 주체로서 꿋꿋이 서서 자신의 경험을 독자에게 전달하고 있는(오세란, 「청소년문학과 청소년문학이 아닌 것」, 『창비어린이』,2009, 봄 호, 166쪽) 청소년소설을 성인 화자가 자신의 십대 시절 회고담을 들려주는 형식의 성장소설과 비교해서 읽혀 보면, 아이들은 청소년소설을 읽을 때 작품에 대한 몰입도가 더 높았다.

그래서 우리는 성장소설 중에서도 청소년 성장소설에 주목하여 아이들을 만나왔고, 이 책에 추천된 소설 스무 권 역시 성장소설이면서 청소년소설이다. 이 두 요건을 모두 갖춘 소설을 정확히 지칭하자면 '청소년 성장소설'이라고 해야겠으나, 앞으로는 편의상 줄여서 성장소설이라 지칭하려 한다.

: : 우리 아이들에게 맞는 성장소설을 찾기 시작하다

청소년기라는 시기적인 특성을 고려하여 아이들에게 성장소설을 권해 보자는 생각을 체계적으로 시도한 것은 2001년, 책으로따뜻한세상만드는교사들(이하 책따세)에서였다(자료1 참조). 그 당시에 청소년에게 추천할 성장소설을 선정하면서 되도록 서구의 고전적인 성장소설들(이를테면 헤르만 헤세의 『데미안』)에서 벗어나서 책을 찾으려고 노력하였다. 우리 사회는 산업화, 정보화라는 커다란 사회 변화를 단숨에 경험해 서구와는 다른 사회적 문화적 배경을 갖고 있다고 생각했기 때문이다. 그래서 서구의 청소년과는 다른 우리 청소년의 구체적 경험이 담긴 책을 찾아야겠다고 생각했다. 이 시대를 살고 있는 우리 아이들이 청소년기에 만나게 되는 고민과 갈등, 혼돈이란 무엇인가에 초점을 맞추고 그 해결에 도움을 받을 만한 소설들을 찾고자 노력한 것이다.

그렇게 발표한 성장소설 목록은 성장소설의 특징과 가치에 주목하여 청소년에게 체계적으로 성장소설을 읽혀 보고자 한 사실상의 첫 시도였지만 아쉬운 점들도 많았다.

우선, 성장을 다루는 이야기이긴 하지만 성장소설이라 보기 어려운 작품도 더러 포함되어 개념 규정이 분명하지 않았다. 또한, 청소년 독자들이 책에서 답을 찾기 위해 스스로 책을 찾

[자료 1] 2001년 책따세에서 『함께여는국어교육』 봄 호에 발표

•우리 아이들이 읽으면 좋은 '성장소설'들

『돼지가 한 마리도 죽지 않던 날』 로버트 뉴턴 펙 지음, 김옥수 옮김, 사계절 출판사, 중1부터

『내 영혼이 따뜻했던 날들』 포리스터 카터 지음, 조경숙 옮김, 아름드리 , 중2부터

『봄바람』 박상률 지음, 사계절 출판사, 중1부터

『아홉 살 인생』 위기철 지음, 청년사, 중1부터

『등대 아래서 휘파람』 임철우 지음, 한양출판, 고1부터

『호밀밭의 파수꾼』 제롬 데이비드 샐린저 지음, 이덕형 옮김, 문예출판사

『19세』 이순원 지음, 세계사, 중3 겨울방학부터

『아픔을 먹고 자라는 나무』 교육출판기획실 엮음, 푸른나무, 고1부터

『지상의 숟가락 하나』 현기영 지음, 실천문학사, 고1부터

•중학생에게 더 권할 만한 성장소설 목록

『딸들이 자라서 엄마가 된다』 수지 모건스턴·알리야 모건스턴 지음, 최윤정 옮김, 웅진 – 엄마와 갈등을 빚는 여학생에게

『봉순이 언니』 공지영 지음, 푸른숲 – 이야기를 좋아하는 친구에게

『나의 산에서』 진 C. 조지 지음, 김원구 옮김, 비룡소 – 내 방식으로 살고 싶은 학생에게

『너도 하늘말나리야』 이금이 지음, 푸른책들 – 부모에게 불만이 많은 학생에게

『땅에 그리는 무지개』 손춘익 지음, 창작과비평사 – 의지가 강한, 혹은 약한 학생에게

『할머니』 페터 헤르틀링 지음, 비룡소 – 할머니나 할아버지와 같이 사는 학생에게

『나는 아름답다』 박상률 지음, 사계절 – 문학을 꿈꾸는 학생에게

• 고등학생에게 더 권할 만한 성장소설 목록

『모두 아름다운 아이들』 최시한 지음, 문학과지성사 - 공부 잘하는 학생에게
『봄비 내리는 날』 김한수 지음, 창작과비평사 - 어려운 처지의 학생에게
『외딴방』 신경숙 지음, 문학동네 - 차분한 여고생에게
『내 마음의 포르노그라피』 김별아 지음, 이룸 - 여성의 성에 관심 있는 학생에게
『전태일 평전』 조영래 지음, 돌베개 - 삶이 늘어져 있는 이에게
『희망 1-2』 양귀자 지음, 살림 - 누구에게나

아 읽으려 하거나, 교사(부모)가 청소년에게 책을 권할 때 도움이 될 수 있도록 '이럴 때는 이런 책' 하는 식으로 체계적으로 분류되지 않은 점도 아쉬움으로 남았다.

그런 체계화된 안내 자료를 만들기 위해서는 청소년들이 성장 과정에서 부딪치게 되는 고민이나 문제를 좀 더 구체적으로 파악하는 일이 먼저였다. 그래서 우리는 설문조사를 실시하기로 하였다. 말하자면 청소년들에게 직접 성장의 의미를 물었던 것이다.

: : 청소년 1,500명에게 성장의 의미를 묻다

우리는 고등학교 10개 교, 중학교 8개 교 총 1,500명의 청소년에게 최근 자신의 심리 상태와 주된 고민이 무엇인지를 물

어 순위를 파악했다. 고민이 있을 때 해결하는 방법은 무엇이고, 주로 누구와 나누는지도 물었다. 여기에 책이 자신의 성장에 도움이 된다고 느끼는지를 물어 이 시기의 심리적 필요와 독서 욕구를 아울러 조사하였다.

설문조사를 체계적으로 진행하고 나서 우리는 아이들에 대해 좀 더 면밀하게 알 수 있었다.

우선 나이나 성별, 학교의 특성에 따라 약간의 순위 변화는 있어도 아이들이 주로 고민으로 언급하는 것 다섯 가지는 놀라울 정도로 반복되었다는 점이다.

'자신의 신체상(像)에 대한 고민, 공부가 지겹다는 것, 성적에 대한 고민, 앞으로 무엇을 잘할 수 있을까 하는 진로에 대한 고민, 잦은 기분 변화'가 바로 그것이었다.

: : 몸, 부모, 친구 – 몇 단어로 모이는 아이들의 생생한 목소리

여기에서 재미있는 것은 나이나 성별에 관계없이 아이들이 고민 1순위로 꼽고 있는 것은 몸에 대한 고민, 즉 자신의 신체 이미지에 대한 불만족이었다는 점이다. 어른들은 외모에 관심이 많아지는 것은 사춘기가 되었다는 징후라고 막연히 생각하지만, 아이들은 생각보다 훨씬 더 깊이 자신의 몸에 대해 고민하고 많은 의미를 부여하고 있었던 것이다.

또 청소년들이 고민을 나누는 사람은 나이나 성별 구분 없이 언제나 압도적으로 친구가 1위였다는 점 또한 주목할 만했다. 청소년들에게는 인간관계와 삶 전반에서 친구가 차지하는 비중이 크다는 것을 새삼 확인할 수 있었다. 한편 고민을 이야기하는 대상으로 '아버지'는 인터넷보다도 순위가 낮게 나오는 경우가 많아 가정에서 아버지가 차지하고 있는 자리가 어떤지 씁쓸하게 확인할 수 있었다.

고민을 나누고 싶은데 잘 안 되는 사람으로 '어머니'와 '아버지'를 꼽은 아이들이 많다는 점 역시 주목을 끌었다. 청소년기 자녀를 둔 부모들에게 물질적인 뒷바라지 외에도 정서적인 지원과 의사소통 역시 중요하다는 것을 새삼 일깨우는 결과였기 때문이다. 사실 부모들이 변덕스럽고 예민한 사춘기 아이들을 대하는 데 지레 지쳐 정서적인 교류는 포기하는 경우도 주위에서 많이 본다. 그러나 청소년들은 부모와 의사소통을 하고 정서적인 유대를 나누기를 바라고 있었던 것이다.

청소년들의 독서 욕구에 대한 질문에서 특기할 만한 것은 중학생의 경우 학년이 올라갈수록 책에 긍정적이고 적극적인 가치를 부여하는 태도가 눈에 띄게 줄어든다는 점이었다. 즐거움과 이로움을 동시에 주는 독서 경험을 섬세하게 제공해 주지 않는 한, 책도 그저 지겨운 공부의 연장으로 받아들이는 태도가 학년이 올라갈수록 형성되어 감을 알 수 있었다. 한편, 고등학생의 경우 실제로 얼마나 독서를 하고 있는가와 상관없이 막연하게나마 책이 자신의 성장에 도움이 될 것이라고 말하는 의견들이 많아 중학생과는 대조적이었다.

: : 누군가에게 책을 권하려면 그 사람에 대해 아는 게 먼저다

사실 설문조사를 실시하기 전에 우리는 1년 동안의 학사일정을 고려하여 청소년들에게 중요하다고 생각되는 '10대 성장 주제'를 이미 설정해 놓고 있었다. 성장소설을 무턱대고 권할 것이 아니라 청소년의 문제 상황과 고민을 예측해서 '10대 성장 주제'를 설정해, 그 상황에 도움이 될 만한 성장소설들을 분류하고 개개인에게 맞는 책을 권하고 싶었기 때문이다.

다음에서 보는 주제들이 그것이다.

3월 : 만남	9월 : 사랑, 관계
4월 : 친구	10월 : 시련
5월 : 가족	11월 : 꿈, 진로
6월 : 평화	12월 : 정체성, '나'는 누구인가?
7월 : 모험	2월 : 헤어짐

하지만 청소년에게 직접 성장의 의미를 묻는 설문조사를 실시하고, 그 결과를 분석하면서 우리는 이 '10대 성장 주제'를 조정할 필요를 느꼈다. 교사들의 생각이 아닌 청소년의 목소리를 반영해야 했기 때문이다.

: : 청소년의 마음을 읽어 낼 '10대 성장 주제'를 찾아내다

먼저, '몸'이라는 주제가 반드시 추가되어야 했다. 설문에서 몸에 대한 고민이 가장 많이 언급되는 것을 보면서, 어른들이 생각한 것보다 청소년들에게 '몸'이 큰 의미라는 것을 알게 된 것이다.

청소년들의 주요 고민 다섯 가지 중 하나인 잦은 기분 변화(예민성)를 다룰 수 있는 주제 또한 필요했다. 사춘기 감성을 예민하게 포착할 수 있는 소설을 찾아 읽게 함으로써 정서적인 안정을 도울 수 있으면 좋을 듯하였다.

'친구'라는 주제의 경우 좀 더 심화되어야 할 필요를 느꼈다. '우정'에 국한시키지 말고 친구 관계의 다양한 모습을 드러내면서, 친구 관계 때문에 고민하는 아이들의 마음을 실감나게 보여 줄 수 있는 작품들을 찾아봐야 했다.

'가족'이라는 주제는 부모로 바꾸는 게 좋겠다는 판단이 들었다. 청소년기의 혼란과 고민을 이야기하고 싶은 사람으로 여전히 부모를 꼽고 있는 아이들의 마음을 읽으면서, 부모와의 관계를 다룬 책이 성장소설 목록에 들어가야 한다고 생각했기 때문이다.

'사랑과 관계'라는 주제 역시 너무 포괄적이어서 수정할 필요가 있었다. 일단 이 주제를 이성 관계로 좁히는 게 낫겠다는 생각이 들었다. 청소년은 이미 다양한 형태로 이성 관계를 맺고 있고, 매체를 통해 상당한 양의 성 정보를 접하고 있다. 그래서 청소년에게 성에 대해 올바르고 실질적인 정보와 가치를 제시해 줄 수 있는 작품을 추천할 필요가 있다는 판단이 들었다.

'헤어짐'이라는 주제는 '상실'에 초점을 맞춰서 가족이나 가까운 사람을 잃은 경험이 있는 청소년을 도울 수 있는 성장소설을 찾아보기로 하였다.

이 외에도 청소년의 관심 부분에서 살짝 비껴갈지라도 성장소설에서 반드시 다루어야 할 주제를 선정하는 작업도 필요했다. 먼저 존경할 수 있는 스승을 만나는 것만큼 인간을 성장하게 하는 일도 드물다는 점에서 '스승'이라는 주제가 선정되었다. 또 가난한 아이들이 겪는 성장의 고통은 더욱 가혹한 데가 있다는 점을 감안하고, 청소년 문화에도 깊숙이 스며든 물신풍조를 돌아보게 하기 위해 '가난'이라는 주제도 추가되었다.

자기를 실현하고자 하는 인간의 실존적인 욕구를 다루는 '동경'이라는 주제 역시 청소년에게 의미 있는 주제라 생각되어 추가로 넣었다. 그 과정에서 만남, 평화, 모험, 시련, 정체성 등의 주제는 생각보다 중요하지 않거나 너무 포괄적이라는 판단이 들어 빼기로 하였다.

: : 2011년 책따세가 권하는 청소년 성장소설

이런 과정을 거쳐 최종적으로 결정된 '2011년 책따세가 권하는 청소년 성장소설 목록'의 10대 성장 주제와 이 주제들을 잘 담고 있는 추천도서는 다음과 같다.

1. 몸 – "몸짱, 얼짱이 되고 싶어."
2. 마음 – "나도 내 마음을 모르겠어, 내가 너무 예민한 걸까?"
3. 동경 – "새처럼 높이, 멀리 날아 보고 싶어!"
4. 부모 – "엄마, 아빠만 생각하면……."
5. 친구 – "내 친구를 소개합니다."
6. 사랑 – "우리도 사랑하게 해주세요!"
7. 상실 – "그 사람을 다시 만날 수만 있다면……."
8. 스승 – "선생님, 저 이제 외톨이와 안녕할지 몰라요."
9. 가난 – "가난이 한낱 남루에 지나지 않는다고요?"
10. 직업 – "내게도 꿈이 있습니다."

• '10대 성장 주제'와 각 주제의 추천도서

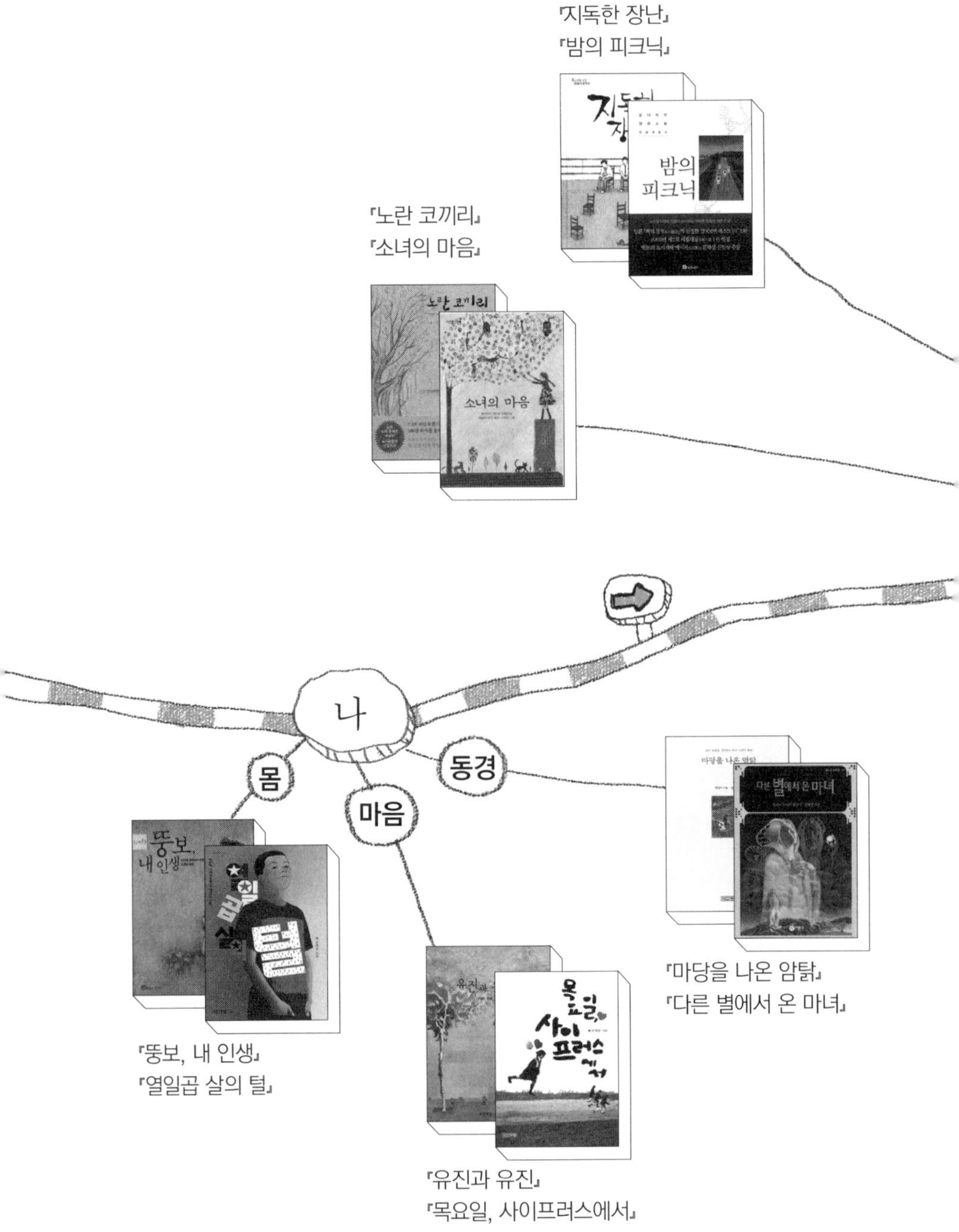

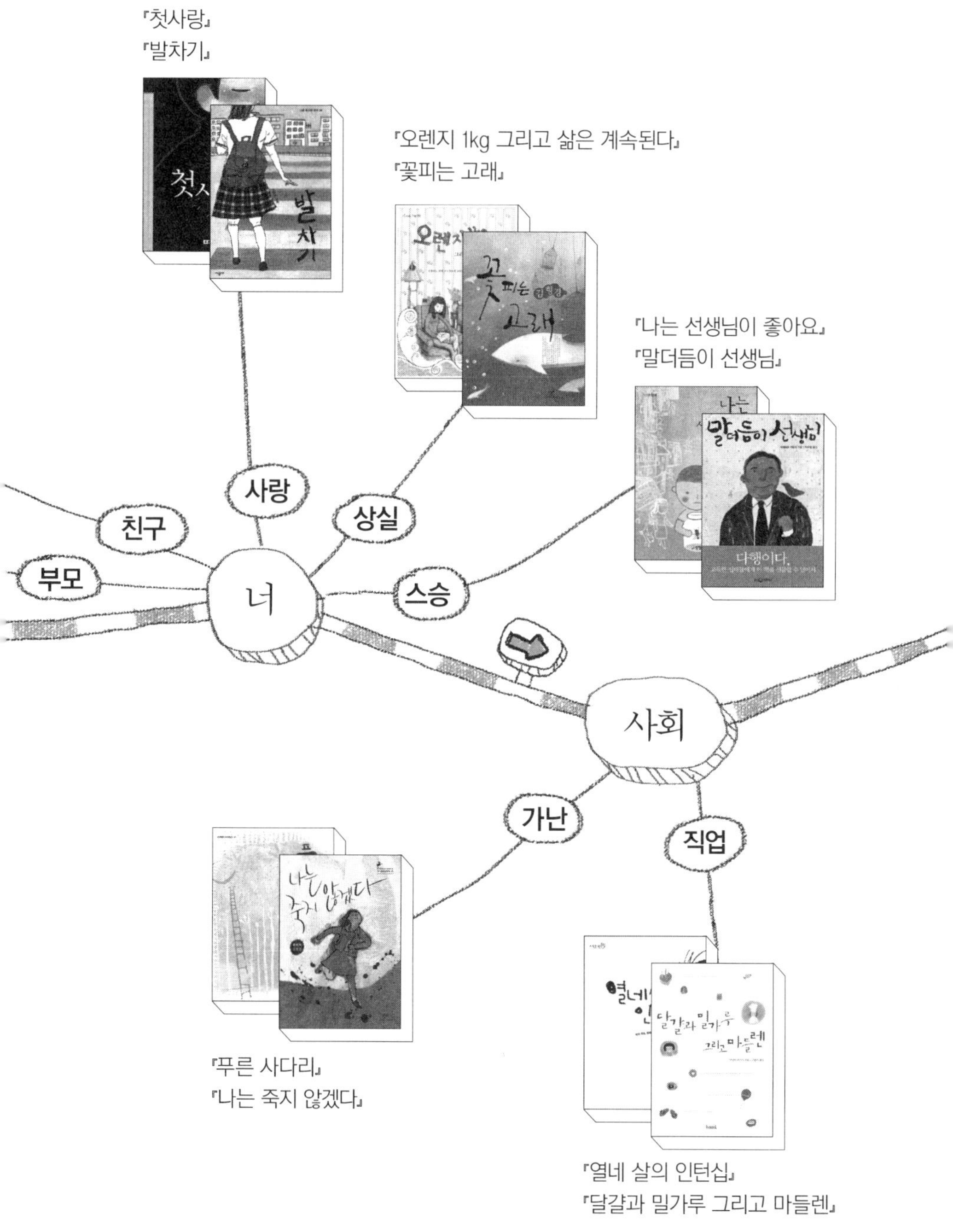

『첫사랑』
『발차기』
『오렌지 1kg 그리고 삶은 계속된다』
『꽃피는 고래』
『나는 선생님이 좋아요』
『말더듬이 선생님』
사랑
친구
상실
부모
너
스승
사회
가난
직업
『푸른 사다리』
『나는 죽지 않겠다』
『열네 살의 인턴십』
『달걀과 밀가루 그리고 마들렌』

이 10대 성장 주제는 성장 과정에서 청소년이 반드시 딛고 넘어가야 하는 발달 주제를 최대한 구체적이면서 종합적으로 드러내려 한 결과물이다. 또한 이 10대 성장 주제는 나(몸, 마음, 동경)에서 너(부모, 친구, 사랑, 상실, 스승)로, 다시 사회(가난, 직업)로 확장되어 가는 구조를 갖고 있다.

: :『십대 마음 10大 공감』 이렇게 활용하기

청소년의 성장을 돕고 싶은 부모와 교사라면 이 목록을 활용하여 청소년과 소통을 시도해 보면 좋을 것이다. '2011년 책따세가 추천하는 청소년 성장소설 목록'의 10대 성장 주제와 추천도서에 대한 더 자세한 설명은 1부, 2부, 3부로 나누어 담았다.

1부에는 '나'를 깊이 탐구할 수 있는 몸, 마음, 동경의 세 주제를 담았고, 2부에는 '너' 그리고 '너와의 관계'를 살펴볼 수 있는 다섯 주제인 부모, 친구, 사랑, 상실, 스승을 담았다. 이어 3부에는 청소년이 사회를 바르게 이해하고 그 속에서 자신의 자리를 찾도록 돕는 두 주제, 가난과 직업을 주제로 한 책들이 소개되어 있다.

1부부터 3부의 각 장 첫 부분에는 청소년의 흔들리는 모습이 사례로 제시되어 있다. 그 사례를 읽고 떠오르는 아이가 있으면 여러분도 해당 주제에 자연스럽게 관심을 갖게 될 것이다. 그리고 그 아래에는 아이들이 왜 그런 마음을 가지게 되었는지를 풀어 놓아 청소년의 심리를 새로운 각도에서 바라볼 수 있게 하였다.

그다음으로는 해당 성장 주제를 다루고 있는 책을 소개하였다. 주제마다 쉬운 책 한 권, 어려운 책 한 권으로 골랐다. 각각 중학생과 고등학생에게 권하면 좋으나 독자의 심리적 특성과 책의 내용이 잘 맞아야 하므로 책을 권하는 어른이 아이를 잘 살펴서 권하는 것이 좋다. 이 외에도 아래에 더 찾아보면 좋을 영상이나 책들도 함께 소개했으니 다양하게 접근해 볼 수 있을 것이다.

4부에는 10대 성장 주제와 관련하여 청소년의 마음 상태를 엿볼 수 있는 자가 진단 질문지와 추천도서 스무 권에 대한 독후활동지 '책읽기 자기읽기'를 실었다.

자가 진단 질문지는 특정 주제로 아이들과 대화하려고 할 때 해당 문항을 읽고 떠오르는 내용을 자연스럽게 적어 보게 하고, 친구가 쓴 것과 비교해 보게 하면 아이의 생각을 열고 말문을 틀 수 있다. 해당 주제에 관해 깊은 상처를 가진 아이의 경우에는 특수한 내용을 쓰는 경우도 있는데, 이 경우에는 전문가와 상담할 수 있게 자리를 마련해 주어야 한다.

'책읽기 자기읽기'는 학교에서 수업을 할 때 활용하거나, 아이와 일대일로 깊은 이야기를 나눌 때 참고할 수 있다.

: : 청소년 심리에 관하여 미리 읽어볼 만한 책

이 책에서 권하는 청소년 성장소설 목록을 활용하여 아이들을 만나기 전에 청소년 심리에 대한 책을 먼저 읽어 보는 것도 좋다. 책 속의 등장인물을 더 깊이 이해하게 되고, 무엇보다 청소년의 행동과 언어 밑바닥에 깔린 마음을 섬세하게 읽는 데 도움이 될 것이다.

『영화 속의 청소년』(신민섭·한수정 지음, 서울대학교출판부)은 「그랑 블루」「빌리 엘리어트」「말아톤」 등 널리 알려진 영화를 통해 청소년의 심리를 분석한 책이다. 병원에서 오랫동안 상담을 해온 저자가 영화 속 주인공의 고통과 갈등, 문제 행동을 서술하면서 그 이면에 깔린 욕구와 두려움을 짚어 내어 아이의 심리를 이해하는 데 도움을 준다.

『소녀들의 심리학』(레이철 시먼스 지음, 정연희 옮김, 양철북)은 친구 관계를 풀어가는 소녀들만의 방식과 그 바탕에 깔린 심리를 명쾌하게 분석해 낸 책이다. 육체적인 힘으로 서열을 확인하고, 갈등이 생기면 몇 대 치고 받는 것으로 해결하는 소년들과 달리 훨씬 더 복잡하고 은밀한 방식으로 관계를 맺고 갈등하는 소녀들의 심리를 풀어낸 책이다. 관계의 정글에 갇혀 고민하는 여자아이를 돕고자 하는 교사와 학부모라면 읽어 보기를 권한다.

『십대, 지금 이 순간도 삶이다』(이영미 지음, 랜덤하우스)는 청소년이 자기 고민에 관해 글을 쓰고 교사가 거기에 대답한 답장을 차례로 엮은 책이다. 과학교사로 학교에서 오랫동안 청소년을 만나온 저자가 모으고 간직한 사연들이기에 현재 우리 아이들의 생생한 목소리를 들을 수 있어서 도움된다.

『십대답게 살아라』(문지현 지음, 뜨인돌)는 청소년들이 삶에 의욕과 열정을 갖지 못하는 원인을 분석하고 이에 대한 해법을 제시한 책이다. 애늙은이처럼 살고 있는 청소년들의 증상을 탓쟁이, 게으름, 메마름, 투덜이 등 열네 개로 나누어 소개하고 그런 겉모습에 감춰진 원인을 분석했다. '내 삶에 태클 거는 바이러스 퇴치법'이라는 부제에서 느껴지듯 십대의 코드에 맞게 접근하려 애썼다.

『사랑을 물어봐도 되나요?』(이남석 지음, 사계절)는 이제는 이성교제가 일상처럼 되어 버린 시대를 사는 청소년과 그 부모에게 꼭 필요한 책이다. '사랑과 우정은 다른가요?, 사랑은 왜 변하나요?, 섹스를 해야만 진짜 사랑하는 것인가요? 사랑하는 사람의 마음을 사로잡을 방법은 없나요?' 등의 목차를 보면 알 수 있듯 실질적인 정보와 진지한 가치를 두루 담았다. 말초적인 성 정보는 넘쳐나지만 정작 청소년에게 꼭 필요한 성적 가치관을 제공하는 책은 극히 드물다는 점에서 귀한 책이다. 같은 저자의 『**자아 놀이 공원**』(이남석 지음, 사계절)도 함께 읽어 보면 좋다.

1부

도란도란 십대 마음
'나' 알기

- 몸
- 마음
- 동경

1

몸

:: 이런 아이 저런 모습

"몸짱, 얼짱이 되고 싶어."

영범은 오늘도 머리 단속을 피해 등교 시간보다 30분이나 일찍 교문을 통과한다. 학교에서 정한 두발 규정은 머리가 귀를 덮으면 안 되고, 앞머리는 눈썹 위로, 뒷머리는 교복 깃에 닿지 않을 만큼 짧아야 한다는 것인데, 그 아이의 머리는 그 규정에서 한참 어긋난다. 소심한 성격이라 불시에 학생생활지도부나 선도부에서 두발 단속을 나올까 봐 늘 조마조마해하면서도 머리는 절대 자르려 하지 않는다. 담임교사인 내가 "불편하지 않니?"라며 넌지시 자를 것을 권하면 눈을 슬며시 피하며 "학생부에 안 걸리게 조심할게요……."라고 대답한다. 만약 내가 강압적으로 나가면 이 아이는 머리를 자르고 올까? 쉬는 시간에 "너희들은 왜 그렇게 머리에 목숨을 거니?"라고 물었더니 한구석에서 날아오는 대답, "머리는 남자의 자존심인걸요, 선생님!"

철희는 교복 위에 항상 무언가를 걸쳐 입는다. 여름에는 규정 이외의 다른 색깔의 티를 속에 입고 왔다가 은근슬쩍 교복 상의를 벗고 돌아다니고, 찬바람이 돌기 시작하면 바람막이를 걸쳐 입는다. 그 애의 바지는 통을 너무 많이 줄여서 보기에 불편해 보일 정도다. 번번이 불러 지적하자니 쪼잔한 선생이 되는 것 같아 그만두고 만다. 언제쯤이면 머리며 옷차림을 가지고 아이들과 옥신각신하는 일에서 벗어날 수 있을까.

예빈은 화장을 짙게 하고 다닌다. 뽀얗게 분을 바르고, 아이라인까지 그려 넣은 그 애의 얼굴을 보면 예쁘다는 생각보다는 억지로 꾸민 듯 어색한 느낌이 드는데, 그 애 생각은 다를 것이다. 학교에서 징계를 받거나 담임에게 꾸중을 들어도 굴하지 않고 진하게 화장을 하고 다니는 예빈을 보면 교사가 학생의 외모에 어디까지 개입해야 하는지 가슴이 답답해 온다.

:: 아이 마음속으로 들어가면

청소년의 몸, 나를 세상에 우뚝 세우고 싶어

외모에 대한 아이들의 관심은 정말이지 뜨겁다. 남자아이들은 수업 시간에 교사들이 던지는 그 어떤 칭찬보다도 "참 잘생겼다."는 말에 환호하고, 학년이 끝나 헤어진 후 오랜만에 만난 아이들에게 가장 기분 좋은 인사는 "키가 정말 많이 컸네."이다. 여자아이들은 몸매가 드러나도록 상의를 좁고 짧게 수선하느라 경쟁이고, 방학 시작과 함께 앞다투어 염색과 파마를 한다. 또한 조금이라도 뚱뚱한 아이들은 그것 자체가 무슨 커다란 흠이라도 되는 양 서슴없이 반 아이들 사이에서 '돼지' '1톤'이라 불리며 무시당하기 일쑤다.

이런 현상은 공부에 관심이 없는 아이, 학교에 적응하지 못하고 길거리 문화를 동경하는 아이들일수록 더욱 노골적이지만 정도의 차이만 있을 뿐 대부분의 아이들에게 공통되게 나타난다.

왜 청소년들은 그토록 자신의 몸에 열중할까? 아마 자신의 몸을 통해 이 세상에 자신을 우뚝 드러내고 싶은 것이 아닐까. 이런 관점으로 바라보면 성적이나 집안 배경, 자기에 대한 존중감이나 만족감이 부족한 아이일수록 더욱더 외모에 관심을 쏟는 것이 자연스럽게 이해된다. 학교나 학교 밖 사회에서 자신 있게 내세울 수 있는 것이 적을수록 외모 가꾸기에 열중하는 정도가 커지는 것이다.

하지만 내면의 허기, 즉 자아존중감을 충분히 채우지 못한 상태에서 외모 가꾸기에만 열중하는 것은 뿌리 없이 열매를 바라는 것과 같다. 자신에게 일시적인 만족을 주고 친구들에게 부러움을 살 수는 있겠으나 그것만으로는 '이것이 나다' 하는 흔들리지 않는 자아상을 정립하기란 어렵기 때문이다.

그런 사실을 알고 있는 부모나 교사들은 외모에 열정을 쏟는 아이들의 마음을 미처 이해하지 못하기에 못마땅한 시선을 보내기도 한다. 그러다 보면 아이는 아이대로 '어른들은 피곤하고 답답하다'는 생각에 사사건건 대립하게 되고 결국 점점 더 사이가 멀어지고 만다.

아이들이 외모에 쏟는 열정을 자연스럽게 이해해 주면서, 그 에너지가 '그 누구도 아닌, 둘도 없는 자기 자신'을 우뚝 세우는 데 쓰일 수 있도록 도와주려면 부모와 교사는 무엇을 해야만 할까?

:: 이럴 땐 이런 책

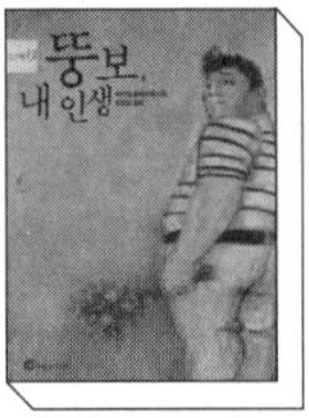

『뚱보, 내 인생』

미카엘 올리비에 지음, 조현실 옮김, 바람의아이들

외모에 너무 집착해 그 틀에 갇혀 있는 아이가 있다면 자신의 몸에 대해 차분히 생각해 볼 수 있도록 이 책을 권하고 싶다. 이 책의 주인공 벵자멩은 예쁘고 멋진 이성을 보면 자신도 모르게 얼굴이 화끈 달아오르기도 하고, 이성 친구의 은밀한 곳까지 보고 싶은 충동을 느끼기도 하는 평범한 남자아이이다.

다만 벵자멩이 다른 아이들과 조금 다른 점이 있다면 다른 아이들보다 더 뚱뚱하다는 것이다. 그 이유 때문에 벵자멩은 좋아하는 여자아이 클레르에게 다가갈 용기를 내지 못하고 주저한다. 그리고 자기 자신을 남보다 못하고 무가치한 인간으로 생각하여 세상과 소통하는 데도 소극적이다.

아이들과 함께 지내다 보면 벵자멩처럼 외모 때문에 소극적이 된 아이들을 많이 볼 수 있다. 전에 가르치던 반에 경철이라는 조용한 아이가 있었다. 어떤 이야기를 하다 무심결에 "아, 경철이도 있었구나?"라고 말했는데, 그 말을 들은 다른 한 아이가 잽싸게 "아, 존재감 제로."라며 되받아쳐 교사인 나를 굉장히 난처하게 만들었던 적이 있다. 경철은 얼굴 한쪽에 아이

손바닥 크기만 한 화상 흉터가 있어서 다른 사람들에게 자신의 얼굴을 보여 주길 꺼려 하는 아이라 더 마음이 아팠다. 그 아이는 자신의 얼굴 자체가 콤플렉스였던 것이다.

그 뒤 경철과 함께 『뚱보, 내 인생』을 읽고 여러 가지 이야기를 한 뒤 질문을 했다.

"정말 클레르는 벵자멩이 뚱뚱했기 때문에 이성 친구로 받아들이지 않았던 것일까? 다른 이유는 없었을까?"

아무 말도 못 하는 경철에게 미국의 유명한 진행자 '오프라 윈프리'의 이야기를 해주었다. 많은 사람들 앞에서 자신의 생각을 당당하게 펼치는 오프라 쇼를 직접 보여 주기도 했다. 그러자 그 아이의 마음이 조금씩 움직이는 듯했다.

오프라 윈프리가 까만 피부의 흑인이며 100kg이 넘는 여인의 몸으로 미국 최고의 쇼를 진행하며 성공할 수 있었던 열쇠는 끊임없는 자기 계발과 자신에 대한 믿음, 그것을 바탕으로 한 타인과의 소통 때문이 아니었을까.

이 세상을 살아가는 데에는 외모가 중요한 역할을 하기도 한다. 하지만 외모가 남보다 못하다고 해서 주눅이 들고 움츠러든다면 자신에게 크나큰 손해가 아닐까. 우리 아이들이 이 책을 읽고 외모 때문에 자신을 틀 안에 가둬두려고 하지는 않았는지 생각해 보고, 완벽하게 보이는 스타들에게도 나름대로의 콤플렉스가 있듯이 신체에 대한 콤플렉스는 누구나 가지고 있음을 느껴 보았으면 한다. 그리고 자기 자신을 그대로 인정하고 앞으로 나갈 수 있는 힘을 조금이나마 키울 수 있기를 바란다.

『열일곱 살의 털』
김해원 지음, 사계절

이 책의 주인공 '송일호'는 평범한 고등학교 1학년 남학생으로, 3대째 이발소를 운영하고 있는 할아버지와 할머니, 엄마와 함께 살고 있다. 개학 첫날, 일호는 이발소집 아들답게 오정고의 전통 오삼삼(앞머리 5cm, 윗머리 3cm, 뒷머리 3cm라는 오정고의 두발 규칙)의 전형적인 모습을 하고 등교한다. 지나치게 모범적인 일호의 모습은 선생님의 눈에 띄어 백화점 쇼윈도의 마네킹처럼 오정고 정문에 세워진다. 그리고 그날 이후로 '범생일호'라는 별명이 붙어 놀림감이 된다.

일호가 놀림감이 된다는 사실에서 학교 규칙에 딱 들어맞게 생활하는 것이 아이들의 눈에는 학교의 허수아비로만 비춰진다는 것을 알 수 있다. 학교는 두발과 복장을 규제함으로써 학생들을 통제한다. 아이들은 그 사실을 알면서도 따르지만, 때로는 불량한 머리 모양과 옷매무새를 통해 불만을 표출한다. 그런 아이들을 강제로 다잡으려 하면 신체는 통제의 수단으로 전락하게 되고, 통제당하고 싶지 않은 아이들은 더욱 머리와 옷에 집착하게 된다.

범생이로 잘 지내나 싶던 일호에게 어느 날 큰 사건이 벌어진다. 두발 규정을 잘 지키지 않은 친구의 머리에 선생님이 라이터를 가까이 갖다 대자, 일호가 라이터를 집어 땅으로 던져 버린 것이다. 그날 이후로 일호는 두발 자유를 위한 투쟁을 시작한다.

한순간에 모범생에서 반항아로 돌변해 버린 일호를 보고 엄마는 "넌 너무 물렁하거나 단단해."라고 말한다. 많은 것을 생각하게 하는 말이다.

일호의 삶은 학교의 두발 규제에 저항하기로 결심하면서 180도로 바뀌게 된다. 이 책을 읽고 일호의 상황을 Before와 After로 구체적으로 정리해 보고, 일호의 내면적 성장에 대해 대화해 볼 수 있다면 좋겠다. 아무런 비판 없이 그대로 수용하는 물렁함과 거친 태도로 저항하는 단단함 사이에서 접점을 찾아가며 자아를 찾아가는 일호의 모습을 생각해 보는 것만으로도 큰 의미가 있을 것이다. 이는 곧 외모가 자신의 주체성을 드러낼 수 있는 무기가 될 수 있음을 아는 청소년들이 순종이냐 극단적 반항이냐 하는 양극단의 선택을 하는 대신, 합리적으로 자기 생각을 표현하는 방법을 익히는 것을 의미하기 때문이다.

나사를 계속 조이게 되면 더 이상 조여지지 않고, 나사를 계속 풀다 보면 순식간에 빠지듯이 그 강약 조절은 매우 힘들지만 우리 아이들에게 꼭 필요한 작업이다. 이 책의 일호처럼 우리 아이들도 사회로 나가기 전 자신의 생각을 표현하는 방법에 대한 강약 조절을 연습할 수 있었으면 한다.

• 함께 보면 좋은 영상

「별별이야기 – 육다골대녀」 이애림 감독, 2005
: 큰 머리와 곱슬머리, 짧은 자라목과 아톰다리를 지닌 여인의 삶은 어떨까?

「여섯 개의 시선 – 그녀의 무게」 임순례 감독, 2003
: 취업을 위해 몸매 관리를 종용받는 실업고 3학년 여학생의 이야기.

「슈렉」 빅키 젠슨·앤드류 애덤슨 감독, 2001
: 못생겼지만 어떤 위협에도 굴하지 않는 당당한 슈렉의 삶!

• 함께 보면 좋은 책

『합체』 박지리 지음, 사계절
: 난쟁이 아버지를 둔 키 작은 쌍둥이 형제의 코믹무협 열혈성장분투기.

『난 키가 작아, 그래서 뭐가 문제야?』 야엘 아쌍 지음, 박선주 옮김, 해와나무
: 작은 키가 고민이었던 작가의 경험을 바탕으로 한 '키 콤플렉스' 이야기.

2

마음

: : 이런 아이 저런 모습

"나도 내 마음을 모르겠어, 내가 너무 예민한 걸까?"

영미는 수업 시간에 굉장히 진지한 학생이다. 눈이 마주치면 수줍어하면서도 한 마디도 놓치지 않으려고 눈을 빛내며 듣는 모습이 예쁘다. 교사가 제시해 준 성장소설 중에 자신이 원하는 책을 골라 읽고, 책 속에 밑줄 긋고 소감을 간단히 적어 제출하는 수업도 굉장히 열심히 하였다.

아이들의 책을 모두 걷어 검사하는 날, 영미의 책은 빽빽한 글씨로 꼬박이 채워져 있었다. 그런데 그 내용이 무척 놀라웠다. 고등학교에 올라온 이후 자신이 새로운 세상에 뚝 떨어진,

곧 사그라질지도 모르는 촛불 같다는 느낌이 들 때가 많다는 것이었다.

"중학교 때도 학교 다니기가 싫었던 것은 마찬가지였지만 그 때는 친구들과 몰려다니며 말썽 부리는 재미라도 있었던 것 같다. 나를 아는 사람이라고는 하나도 없는 이 교실, 도대체 누가 나의 마음을 알아 줄 친구가 되어 줄 수 있을까. 아침이 되었다 싶다가도 이내 밤이 돌아오듯 시간은 그렇게 흘러만 가는데 오늘 내가 살아 있다고 해도 내일도 살아 있으리란 보장이 있을까. 하루아침에 아버지의 사업이 망하고 집에 빨간 딱지를 붙이러 사람들이 몰려오고, 정신을 차려 보니 우리 식구들은 이 좁은 방으로 흘러 들어와 있었다. 누구의 뜻도 아니었는데 그렇게 되어 버렸다. 요즘에는 내가 무사히 고등학교를 마칠 수나 있을까 하는 생각이 든다. 시간이라는 게 너무나 무섭다."

별다른 문제없이 생활한다고 생각했던 영미의 내면에 이런 깨질 듯한 불안감이 도사리고 있었던 것이다.

지선은 조용하면서도 어딘가 그늘이 느껴지는 아이였다. 수줍은 듯했지만 수업 시간에 발표를 할 때는 차분하고 논리정연한 편이었고 조숙하다는 느낌이 들었다. 그 아이가 『네 멋대로 해라』(김현진 지음, 한겨레출판)를 읽고 낸 독후감에는 이런 내용이 적혀 있었다.

"이 책을 쓴 현진 언니가 하는 말이 다 맞다. 그런데 나는 이곳에 있고 언니는 학교를 버리고 나가 당당하게 자기 삶을 찾았다. 나도 이 언니처럼 당당하게 살고 싶다. 우리 반 애들은 아무도 이런 고민을 하지 않는 것 같다. 그냥 쉬는 시간이면 웃고 떠드느라 정신이 없고, 수업 시간에는 선생님들 눈을 피해 졸거나 시간을 때울 뿐이다……."

: : 아이 마음속으로 들어가면

흩어졌다 다시 더 커져서 모이는 내 마음의 조각들

여고 시절에 어른들은 어린 우리를 보며 '가랑잎 구르는 것만 보아도 웃음이 나올 나이'라 말씀하시고는 했다. 그 말씀 속에는 자신과 세상을 향해 경이롭게 눈 떠가는 나이, 청소년기를 지나는 우리들에 대한 따스한 애정과 당신들의 지나간 시절에 대한 애틋한 향수가 담겨 있었다.

하지만 다정도 깊으면 병이라 했던가, 유난히 이 시기를 날카롭고 아프게 넘기는 아이들이 있다. 이런 아이들은 뭇사람의 시선을 받는 배우처럼 타인의 사소한 반응도 오래 마음에 담아 곱씹고, 속이 훤히 비치는 유리알을 들여다보듯 자신의 말과 행동을 거듭 되새긴다. 일상 속의 자잘한 일들 역시 촘촘하게 조여진 이 아이들의 자의식의 그물을 그냥 통과하지 못한다. 이 아이들은 어른들의 사소한 실수, 무신경, 비겁함, 또래들의 얄팍한 패거리 문화, 미숙함을 받아들이는 게 매번 힘겹다. 그리고 자신이 그렇게 예민한 마음을 가졌다는 사실 또한 버겁기만 하다.

좀 더 무던해지고 싶지만 이 아이들에게 세상은 너무 거칠고 멀다. 이런 아이들은 자기 마음속 세계에 골똘히 침잠하다가도, 내면의 생각과 감정들이 넘쳐 때로는 부모, 교사, 친구에게 예상치 않은 방식으로 자신의 감정을 쏟아 놓는다.

예민한 더듬이로 세상을 마주하고 있는 이 아이들의 타고난 감수성을 지켜주면서, 그 세계 속에 들어가 함께하고 싶은 어른이라면 무엇을 해야만 할까. 책을 통해 이 아이들과 '접속'하고, 아이들이 세상과 인간, 자연과 우주를 더 넓은 차원에서 만날 수 있게 도와주려면 어떻게 해야 할까.

:: 이럴 땐 이런 책

『유진과 유진』

이금이 지음, 푸른책들

이 책은 아동 성폭력 문제를 깊이 있게 다루는 한편, 이리저리 방황하는 사춘기 소녀들의 내면을 섬세하게 그려 낸 작품이다. 이 책의 두 주인공 '유진과 유진'은 유치원 시절 원장의 성추행으로 마음에 큰 상처를 입은 공통의 기억을 갖고 있다. 두 사람은 그 후로 만난 적이 없다가 중학교에서 같은 반으로 우연히 다시 만나게 된다.

둘은 '큰유진'과 '작은유진'으로 불리는데, 작은유진을 알아보는 큰유진과 달리 작은유진은 유치원 시절을 기억하지 못한다. 큰유진이 부모님의 사랑 덕분에 상처를 잘 극복해 낸 반면, 작은유진은 그 일을 수치스럽게 생각하고 '잊기'를 강요하는 부모님 때문에 상처가 회복될 틈도 없이 억지로 지워 버렸기 때문이다.

겉으로 보이지 않던 작은유진의 상처는 큰유진을 만나면서 드러나기 시작한다. 과거의 기억에 한 발짝씩 다가가 들여다보기 시작하면서부터 작은유진은 혼란을 겪고 방황하게 된다.

자신과 똑같은 일을 겪었음에도 아무렇지 않게 살아가는 큰유진을 보면서, '가족에게 잘 보이기 위한 삶'을 살아온 마음의 뿌리가 흔들리기 시작하는 것이다.

그래서 작은유진은 수학여행을 계기로 담배를 피우게 되고, 춤에 빠져들면서 과거 자신의 모습을 버리고 본래 자신의 모습을 찾으려 한다. 한편으로는 자신을 이렇게 망가트리는 것이 자신을 과거 잃은 바보로 만든 가족에게 복수하는 길이라 생각하며 합리화한다. 하지만 그 일탈의 과정은 진정한 사랑과 관심의 갈구이기에 더 안타깝다. '담배를 피우며 지하 연습실에서 춤을 추는 것'은 '나를 좀 봐 줘.'라는 간절한 소망의 표현이라고 할 수 있는 것이다.

반면 자칫 고민이 없어 보이는 큰유진도 이런저런 갈등과 고민으로 마음의 성장통을 겪는다. 동생보다 부모님에게 더 사랑받고 싶은 마음, 남자 친구에게 잘 보이고 싶은 마음, 성적 때문에 부모님과 옥신각신하며 싸우면서도 금세 미안해하는 마음까지 큰유진도 여느 사춘기 아이들처럼 이런저런 문제들로 걱정하고 고민한다.

아이에서 어른이 되어가는 청소년 시기에 꼭 이루어야 할 일 중 하나가 '정체성 찾기'다. 정체성이란 '나는 누구인가'라는 물음을 통해 나의 위치를 점검하는 것에서 시작한다. 이런 과정에서 청소년은 어떤 방법으로든 성장통을 겪기 마련이다.

그런데 어떤 아이는 바람이 자연스럽게 산을 넘듯 그 시기가 언제인지도 모른 채 지나가는 한편, 어떤 아이는 바람이 비구름을 만나 태풍으로 변하듯 마음의 큰 풍랑을 겪기도 한다. 큰유진이 전자에 해당한다면 작은유진은 후자에 해당할 것이다. 그것은 큰유진에게는 부모라는 보호막이 있었고, 작은유진은 부모에게서 제대로 된 보호와 보살핌을 받지 못했기 때문으로 보인다. 하지만 이런 관점으로만 본다면 이 소설이 성폭력의 치유에 있어 부모의 역할을 이야기하는 것으로 제한될 수밖에 없으므로, 이보다는 청소년들의 일상적인 마음을 이해하는 데 초점을 두고 읽어 보면 좋겠다.

학교에서 보면 작은유진에 비해 잘 튀지 않기 때문에 관심의 대상이 되지 않을 때가 많지만 다수의 아이들이 큰유진과 같이 일상에서의 작은 일에 이리저리 마음이 흔들리기 일쑤다. 아이들이 자기 힘으로 할 수 있는 것이 아무것도 없다고 생각할 때, 작아져만 가는 자신을 바라보는 것이 힘들 때, 그런 마음을 다독여 주며 너만 그런 것이 아니라고 이야기해 주는 누군가가 있다면 얼마나 큰 위로가 될까? 이 책이 아이들에게 그런 역할을 할 수 있을지도 모른다. 큰 풍랑을 만난 아이, 순풍이지만 그것에 흔들리는 아이 모두 마음의 성장통을 이 책 한 권으로 조금이나마 치유해 볼 수 있었으면 좋겠다.

『목요일, 사이프러스에서』

박채란 지음, 사계절

사람은 누구나 마음속에 짐 하나 정도는 안고 살아간다. 그러나 즐겁게 살아가는 사람들은 상황에 따라 그 짐을 살짝 내려놓았다가 다시 짊어지는 반면, 항상 고달프게 살아가는 사람들은 언제 어디서나 짐을 내려놓지 못하고 어깨에 지고만 있다. 이 책은 그렇게 짐을 내려놓았다 다시 짊어지는 법을 아직 익히지 못한 평범한 고등학교 2학년 여학생인 선주, 태정, 새롬의 이야기다.

새롬은 한눈에 띌 만큼 매력적인 외모를 지닌 아이지만 소아마비를 앓아 다리를 저는 엄마가 있다. 새롬은 엄마를 보면서 자기는 누구보다도 아름답고 돋보이는 삶을 살겠다고 다짐한다. 하지만 그런 새롬이 자존심에 상처를 입는 일이 생긴다. 남자 친구에게 갑작스럽게 이별 통보를 받은 것이다. 새롬은 자기가 받은 상처의 몇 배를 남자 친구에게 돌려주겠다는 복수심에 사로잡힌다.

태정은 전교에서 해결사 역할을 하는 씩씩한 여자아이이다. 하지만 이런 태정에게도 고민이 있다. 부모님이 이혼한 뒤 맏딸로서 나약한 엄마를 돌봐야 하는 힘겨운 현실과 아빠가 점점 멀어져 간다는 것이다. 태정은 아빠의 사랑을 확인하고 싶고, 함께 낙타를 타러 가기로 한 어릴 적 약속을 아빠에게 떠올리게 하고 싶다.

부잣집 딸로 공부까지 잘해 아무 걱정이 없을 것 같은 선주에게는 자살한 언니가 있다. 선주는 빵 만들 때가 가장 행복하다던 언니와 달리 특별히 하고 싶은 것도 없고, 또 그렇다고 엄마의 계획표대로 맞춰 살고 싶지도 않지만, 엄마의 간섭을 거부할 배짱이 없다. 선주는 언니를 그렇게 몰아세운 엄마에게 분노하는 한편, 죽은 언니에 대한 죄책감을 안은 채 살아간다.

이렇듯 평범해 보여도 저마다 가슴속에 상처를 안고 있는 새롬, 태정, 선주는 서로 다른 상황에서, 서로 다른 바람을 안고 자살 소동을 벌이기로 한다. 자신이 죽을 수도 있다는 것을 주위에 알려 원하는 것을 얻고, '내가 이렇게 힘들어하는데 정말 아무렇지도 않아?' 하며 경고를 보내기 위해서이다.

그런 세 아이 앞에 자신을 천사라고 주장하는 '또라이' 하빈이 나타난다. 아이들은 다소 엉뚱해 보이는 하빈과 이야기를 나누면서 가슴속 상처를 조금씩 치유해 간다.

누구에게나 감추고 싶은 상처가 있기 마련이다. 때로는 그 상처가 너무 힘겨워 죽음을 고민하게 되기도 한다. 그건 어른들뿐만 아니라 아이들도 마찬가지일 것이다.

아이들에게 상처는 때론 힘겨울 수 있지만 삶의 의미를 깨닫게 하는 성장통이 되기도 한다. 상처가 성장하는 데 밑거름이 되기 위해서는 세 아이들처럼 상처를 드러내고, 어떻게든 해결해 나가려고 애쓰면서 '자신을 지키는 것'이 중요하다. 아이들이 자살 소동을 벌였던 것은 그만큼 지금의 삶을 바꾸고 싶다는 간절한 욕구의 표현이었던 것이다.

주변이 만들어 준 틀에 자신을 가두고 진정한 자신의 모습을 잊은 채 살고 있다면, 이 책을 읽으면서 자신을 있는 그대로 인정받고 싶어 하는 새롬, 태정, 선주를 만나 보자!

• 함께 보면 좋은 영상

「정글피쉬 2」 김정환·민두식 감독, 2011
: 정글 속 작은 웅덩이에 떨어진 정글피쉬처럼 잘못된 장소에 갇혀 힘겨워하는 청소년들의 이야기. 드라마로도 제작되었다.

• 함께 보면 좋은 책

『하이킹 걸즈』 김혜정 지음, 비룡소
: 소년원 대신 실크로드 대장정을 선택한 은성과 보라, 그들의 자아 찾기는 성공할까?

3

동경

:: 이런 아이 저런 모습

"새처럼 높이, 멀리 날아 보고 싶어!"

영훈은 교실 중간 자리에 앉아 아이들 속에 숨어 교사에게 도전적인 말을 던지기를 즐기는 아이이다. 수업 중이나 조회, 종례 중에 어디선가 거슬리는 대답이 나올 때 돌아보면 그 아이일 경우가 많다. 열심히 수학여행 일정을 설명하고 있을 때 "수학여행은 선택인데 왜 모두가 가야 하나요?"라는 말을 툭 던지고, 지각생들에게 훈계를 하고 있으면 "선생님들도 지각하면 벌금 내나?"라는 말을 옆 아이에게 던지는 식이다.

이대로는 안 되겠다 싶어 아이를 불러다 놓고 이 말 저 말

물으니, 뜻밖에도 초등학교 6학년 때 이야기가 나왔다. 과학글쓰기대회를 앞두고 학교 대표로 뽑혀 매일 방과 후에 남아서 담임선생님과 글쓰기 연습을 했다고 한다. 그렇게 지도를 해주는 담임선생님이 무척 고마웠는데, 우연히 선생님들끼리의 대화를 듣고 자신이 입상하면 담임선생님이 승진 점수를 받는다는 것을 알게 되었다는 것이다. 그 뒤로 선생님들이 모두 속물처럼 보이고 존경하고 싶은 마음이 싹 사라졌다고 했다.

너무 일찍 존경할 만한 어른을 잃고, 세상에 대한 불신을 배운 것 같아 영훈에게 『장기려, 우리 곁에 살다 간 성자』(김은식 지음, 봄나무)를 권했다. 의사가 되고 싶다는 아이의 꿈을 고려해서였다. 책을 읽고 난 뒤, 영훈이 말했다.

"어른들이 싫었어요. 다 속물같이 보였어요. 그래서 어른이 된다는 것도 싫었어요. 아등바등 공부해 봤자, 결국 넥타이 매고 출근하고 눈치 보며 일하고 다 똑같이 살다 죽는 거잖아요. 살아 봐야 대단할 것도 없는데 뭐 이렇게 하라는 것은 많은지. 그런데 장기려 박사를 보니 그게 아니었어요. 이런 어른도 있고, 이런 삶도 있는데 제가 다 안다고 생각했던 게 부끄러웠어요. 저도 장기려 박사님처럼 살 수 있을까요? 될 수만 있다면 그분처럼 되고 싶어요."

그날 이후 영훈은 마음을 곪게 만들던 가시가 뽑혀 나간 것처럼, 표정도 유순해지고 목소리도 경쾌해졌다. 존경하는 누군가처럼 살고 싶다는 바람, 그 동경의 힘이 아이를 변화시킨 것이다.

: : 아이 마음속으로 들어가면

동경, 더 크고 완전한 세계로 열린 창

넓은 세상의 살아 숨 쉬는 언어를 아이들에게 맛보게 하고 싶어서 한 학기에 두 권씩, 수업 시간을 할애해 자신이 고른 책을 읽는 수업을 진행하였다. '성장', '성', '직업', '인물' 등의 주제를 정하고 그 주제 안에 학생들의 수준과 흥미를 고려한 책들을 다양하게 차려놓은 다음, 마음에 끌리는 책을 정해 읽게 하는 수업이었다. 이 수업을 여러 해 진행하다 보니 교사가 정해 놓은 주제 안에서 책을 고르게 할 것이 아니라 아이들 스스로 주제를 정하게 하자는 생각이 들었다.

알고 싶고, 하고 싶고, 바꾸고 싶고, 되고 싶은 것을 아이들에게서 끌어내는 시간은 무척 흥미로웠다. 멍하니 시간이나 때우는 듯 보이는 아이들의 가슴속에 본인들도 채 알아채지 못하도록 웅크리고 있던 호기심과 숱한 소망들이 걸어 나와 종이 위에 자리 잡는 순간이란!

아이들이 찾은 주제는 대략 열한 개로 압축되었는데 그 가운데 1, 2위가 우주와 세상의 기원에 대한 호기심, 그리고 죽음에 대한 불안과 염려였다. 사실 이 두 가지는 동전의 양면과 같다. 자기 존재가 불완전하고 유한하다는 자각과 그렇기에 완전하고 영원한 것을 동경하는 마음.

그 작은 머리에 이제 막 인간과 운명, 시간과 우주를 진지하게 담기 시작하는 십대들이기에 그들의 생각의 싹은 이리로도 자랄 수 있고 저리로도 자랄 수 있다. 몇 년 전에 만난 제자 영훈처럼.

청소년을 통제하기 위해 어른들이 가장 손쉽게 사용하는 것은 미래에 대한 불안감을 심어 주는 것이다. '경쟁'과 '낙오'라는 무소불위의 주먹을 휘둘러 아이더러 앞만 보고 달리게 강요하는 것이다. 하지만 이런 방식은 영악하게 제 앞만 쓸며 사는 법을 가르칠 뿐이라 아이들의 마음을 울리지 못한다.

자신의 앞날에 대한 불안을 안고 있는 청소년의 마음을 붙들어 줄 만한 것이 어디 없을까? 미지의 세계에 대한 동경과 높고 큰 꿈을 품는 순간의 설렘을 아이들 앞에 열어 보이는 것이야말로 우리 아이들을 살아 숨 쉬게 할 새로운 처방전일 수 있다.

:: 이럴 땐 이런 책

『마당을 나온 암탉』

황선미 지음, 사계절

아이들에게 '동경'의 뜻이 무언지 아느냐고 물어보았다. 선뜻 대답하지 못하다가 몇몇이 조심스럽게 입을 열었다.

"동경이요? 그냥 뭘 막 바라는 것 아니에요?"

"하고 싶은 것, 되고 싶은 것!"

"먼 곳, 아주아주 먼 곳으로 가고 싶은 거요."

"키 작고 못생긴 애가 키 크고 잘생긴 애가 되고 싶은 거요"

어쩌면 아이들은 지금 자신이 발 디디고 서 있는 현실에서 벗어나는 것, 불가능한 그 어떤 것을 바라는 것을 그저 '동경'이라고 생각하는 것 같다. 아이들이 '동경'이라는 낱말을 현실과 동떨어진 그 무엇으로만 생각하는 것은 당연하다. 아이들에게 현실이란 남보다 앞서가야만 성공할 수 있다며 경쟁에 내몰려 만신창이가 되는 거니까. 아이들은 그저 이 '학생'이라는 시기를 어서 훌쩍 뛰어넘고 싶을 뿐이다.

그래서 아이들에게 동경이라는 말은 현실을 외면한 그 무엇이 되어 버렸다. 아이들은 화려한 연예인을 '동경'하고, 돈 걱정

없이 핑핑 놀아도 되는 백만장자를 '동경'하고, 부모들이 부러운 눈으로 쳐다보는 직업인 의사나 검사를 '동경'한다고 말한다.

하지만 동경은 자신이 선 자리, 즉 현실과 동떨어진 그 무엇을 바라는 것이 절대 아니다. 그것은 '동경'이 아니라 '몽상'일 뿐이다. 무언가를 '동경'한다는 것은 어떤 상황에서도 흐트러짐 없이 더 넓은 세상, 더 큰 의미를 향해 도전을 멈추지 않는 것이다.

그러기 위해서는 새로운 것과의 만남을 두려워하지 않는 '용기', 미지의 것을 찾아나서는 '호기심', 자신의 현재를 뛰어넘을 수 있다는 스스로에 대한 '믿음'이 있어야 한다.

이 책의 주인공 '잎싹'은 그런 마음으로 끊임없이 무언가를 동경하며 삶의 영역을 넓혀간 아름다운 암탉이다. 잎싹은 양계장에서 알만 낳는 이름 없는 닭이었지만, 잎사귀가 좋아 스스로에게 잎싹이라는 이름을 붙여 준 호기심 많은 암탉으로 두려움 없이 새로운 삶을 이어간다. 잎싹의 삶을 따라가다 보면 동경이 가진 힘과 아름다움을 느낄 수 있다.

잎싹은 폐계로 죽을 운명에서도 계속 살기를 꿈꾸고, 알을 품어 부화할 수 없다는 걸 알면서도 자신만의 알을 품기를 꿈꾼다. 그런 새로운 삶에 대한 동경은 강한 용기와 의지를 만들어 낸다. 그래서 잎싹은 죽은 닭을 버리는 구덩이에서도 이를 악물고 빠져나와 마당으로 들어간다. 마당을 나와서는 위험천만한 상황에서도 굴하지 않고 꿋꿋이 이겨 낸다. 결국 잎싹은 청둥오리의 알을 품어 '초록머리'라는 이름까지 붙여 주며 소중한 생명으로 키워 내기에 이른다.

잎싹의 여정은 여기서 끝나지 않는다. 잎싹은 '날고 싶다'는 또 다른 꿈을 꾸기 시작한다. 자신이 닭이기 이전에 새였음을 느끼며, 제 자식인 초록머리가 청둥오리 떼의 파수꾼이 되어 드높은 하늘을 날아가는 모습을 보며 자유롭게 하늘을 나는 새의 모습을 동경하게 된 것이다.

잎싹은 초록머리를 위해 온 힘으로 막아낸 애꾸눈 족제비를 다시 만나고 "자, 나를 잡아먹어라. 그래서 네 아기들 배를 채워라."라는 말을 남기고 스스로 목을 내놓는다. 이윽고 잎싹은 눈앞이 온통 붉었다가 이내 차츰 밝아지기 시작하고 모든 게 가붓해지더니 깃털처럼 몸이 떠오르는 것을 느낀다. 크고 아름다운 날개로 바람을 가르며 날아가는 잎싹. 죽음을 감수하면서까지 동경하던 비상. 힘겨운 잎싹의 여정은 이렇게 아름다운 비상으로 마무리된다.

잎싹의 삶은 늘 죽음의 위기, 외로움, 따돌림 그리고 희생의 시간들로 가득했다. 하지만 잎싹은 언제나 지금이 아닌 저 너머의 무언가를 꿈꾸며 그 모든 것을 이겨 냈다. 잎싹의 꿈이 대단한가 그렇지 않은가는 중요하지 않다. 또 그것이 현실적인가도 중요하지 않다. 다만 잎싹이 현재의 삶 너머 그 무엇인가를 향해 끊임없이 걸어갔다는 것이 중요하다. 그렇게 하나하나 이루어 가는 잎싹의 삶은 동경이 가진 진정한 힘을 보여 준 삶이요, 시리도록 아름다운 삶인 것이다.

자신이 진정 하고 싶은 것이 무엇인지 생각해 보지도 않은 채, 그저 안정된 일자리를 갖고 싶다고 아무렇지도 않게 말하는 현실적인 아이들을 만나면 잎싹을 소개해 준다. 물론 잎싹의 삶을 '한갓 폐계가 될 뻔한 암탉의 수난기' 정도로 보는 아이들도 많다. 또 '초록머리를 품어 키워 낸 모성애'에 집중해서 부모님에 대한 고마움만을 되새기는 아이들도 있다. 그러나 어떤 아이들은 알을 품거나 하늘 높이 날기를 꿈꾸는 잎싹의 모습을 보며 자신만의 꿈을 생각해 보기도 한다.

자신의 꿈을 말할 때(대부분의 중학생들은 꿈이 없다고 말해 더 마음이 아프지만) 이루기 힘들 거라며 말끝을 흐리는 아이들이 꼭 이 책을 읽었으면 한다. 그 아이들이 저마다의 꿈을 향해 날개를 꿈틀거리며 발돋움을 하여 모두가 '아름다운 너'로 거듭나기를 마음 깊이 응원한다.

『다른 별에서 온 마녀』

실비아 루이즈 엥달 지음, 김혜원 옮김, 비룡소

아이들은 청소년기에 들어서면 세상에 대한 순수한 호기심과 동경을 조금씩 잃어가는 것 같다. 어릴 때는 마냥 순수하고 투명하게 보이던 것들이 부모, 세상, 그리고 스스로에 대해 심각하게 실망하면서 점점 퇴색해 버린 듯하다.

그러나 장미가 얼핏 단단해 보이는 가시로 아름답고 보드라운 꽃잎을 간신히 지키듯 아이들의 마음속에는 여전히 '아름답고 완벽한 것'에 대한 동경, '현실 너머 미지의 어떤 것'에 대한 동경이 싱싱하게 숨 쉬고 있다. 다만 친구에게도, 형제에게도, 교사에게도 선뜻 나서서 말하거나 보여 주지 못할 뿐이다. 아이들은 마음속으로 그것을 향해 가는 방법을 찾고 있지만 어떻게 다가가야 할지 모르기 때문에 오히려 그것을 외면하고 잊어버리려고 하는지도 모른다.

게다가 어른들은 청소년기는 인생을 헤쳐 나가기 위해 많은 것을 준비하고 생각해야 하는 시기라고 하면서 협박을 시작한다.

"할 게 없어도 공부는 해야 좋은 대학이라도 가지……."

"너 그래 가지고 대학 가서 취직이나 하겠어?"

하지만 어른들도 아이들도 알고 있다. 흔히 안정적인 미래와 맞바꿀 수 있다고 하는 서울 상위권 대학의 정원은 전체 학생의 단 15퍼센트 정도에 그친다는 것을. 또 그 15퍼센트 안에 들어도 결코 미래가 안정적이지만은 않다는 것을 말이다. 그래서 아이들은 어른들의 협박에 불안해하면서도 자신의 열정을 온전히 공부에도, 자신만이 꿈꾸는 그 무엇에도 바치지 못한다.

이제 아이들이 자신의 삶을 열정적으로 가꾸어 나가고, 두려움 없이 저마다의 삶의 빛깔을 만들어 가기 위한 새로운 처방전이 필요하다. 그런 의미에서 미지의 세계에 대한 가슴 뛰는 동경을 마음에 품고, 이상적이라고 생각하는 일을 향해 자신을 바치는 이 책 속 일래너와 조린은 아이들에게 신선한 충격으로 다가올 것이다.

'일래너'는 발달된 미래 문명에서 온 우주학국 요원이고, '조린'은 지구의 중세 정도의 문명을 가진 안드레시아라는 행성의 나무꾼이다. 일래너는 안드레시아를 파괴하러 온 제3의 문명을 과학과 염력의 힘으로 조용히 돌려보내기 위해 안드레시아에 온다. 문제는 자기 문명은 자기 힘으로 지켜 내야 정상적으로 진보할 수 있기 때문에 일래너와 그 일행은 자신들의 과학과 염력을 직접 사용할 수 없다는 것이다.

그리하여 일래너 일행은 호기심과 열정이 가득한 조린을 안드레시아를 구해 낼 사람으로 선택한다. 조린은 자신이 알고 있는 것에 만족하지 않고 용기를 내어 계속 또 다른 세계를 탐구하고 새로운 것에 도전하는 인물이다. 결국 조린의 용기와 일래너의 도움으로 안드레시아는 위기를 넘긴다.

안정적인 현실에 안주하지 않고 위험을 무릅쓰고 우주 곳곳을 여행하며 모험을 하는 열정적인 일래너. 고정된 틀에 자신을 가두기보다는 좀 더 넓은 세계로 나아가려는 용기를 지닌 조린. 우리 아이들이 이 두 사람을 만나 열정과 동경을 갖고 스스로가 의미 있다고 믿는 일, 헌신할 만한 일에 모든 것을 거는 삶의 모습을 한번쯤 생각해 보면 좋겠다. 그리고 자신의 삶에서 그렇게 의미 있고 빛나는 무언가를 향해 걸어가길 바란다.

• 함께 보면 좋은 영상

「울지 마, 톤즈」 구수환 감독, 2010
: 타인을 위한 삶에서 행복을 느끼는 故이태석 신부의 아름다운 걸음걸음.

「국가대표」 김용화 감독, 2009
: 남루한 현실에서도 꿈을 향해 나아가는 스키점프 선수들의 열정과 도전!

• 함께 보면 좋은 책

『청년의사, 장기려』 손홍규 지음, 다산책방
: 가족을 잃은 외로움 속에서도 가난한 사람들을 위해 살다 간 의사 장기려의 삶.

『청구회 추억』 신영복 지음, 돌베개
: 대학교수와 초등학생 소년들의 우연한 만남, 그리고 마음속 진달래꽃으로 남은 추억.

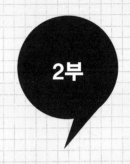

2부

도란도란 십대 마음
'너' 이해하기

- 부모
- 친구
- 사랑
- 상실
- 스승

4

부모

: : 이런 아이 저런 모습

"엄마, 아빠만 생각하면……."

강호는 오늘도 책상 밖으로 다리를 길게 빼고 달달달 떨고 있다. 건드리면 터질 것처럼 아슬아슬한 분위기다. 수업 분위기를 방해한다고 지적하면 발끈하는 강호를 왠지 미워할 수가 없다. 불안정해 보이는 눈이 무슨 말을 하는 것만 같다. 유독 자주 다치고 사고도 많아서 질병결석도 많지만 무단결석 또한 만만치 않다. 오랜만에 학교에 나온 강호를 마음먹고 불러 이야기를 들어본다.

"저는요, 아빠만 보면 그냥 화가 나요. 부숴 버리고 싶어요.

아빠 엄마 안 봐도 되는 곳, 그냥 할머니 사시는 전주에 내려가서 살고 싶어요. 할머니 힘들게 농사지으시는데 그거나 도와드리면서, 그러면 마음도 착해지고 지금보다 착실하게 살 수 있을 것 같아요."

:: 아이 마음속으로 들어가면

부모, 떠났다가 다시 돌아와야 할 나의 영원한 대지

흔히 문제 아이 뒤에는 문제 부모가 있다고 한다. 문제를 지나치게 단순화해서 하는 말이긴 하지만, 학교생활을 하는 데 문제가 있는 아이들과 대화를 나눠 보면 집안에 뭔가 문제가 있는 경우가 많은 것 또한 사실이다.

혼란과 갈등이 많은 청소년기에 부모와 사이가 멀어진 아이들은 혼자 고민에 빠지거나 여러 시행착오를 겪기 마련이다. 그래서 자신의 미래를 탐색해야 할 시기에 부모에 대한 반항으로 에너지를 낭비하기도 한다.

청소년에게 어머니, 아버지란 떠나야 하지만 다시 되돌아가야 할 존재다. 절대적으로 믿고 따르는 유아적 의존에서 벗어나, 서서히 거리를 두고 부모의 삶을 이해하고 수용할 수 있어야 하는 것이다.

아이의 성장 과정에서 어느 시기에나 부모의 역할은 중요하지만, 미래를 준비해야 할 청소년기에 부모와 어떤 관계를 맺고 있느냐는 아이의 미래에 큰 영향을 미친다. 이 시기의 아이들은 부모의 간섭을 벗어나고 싶고 부모에게 독립된 존재로 인정받고 싶어 하지만, 한편으로는 부모의 관심과 믿음과 도움을 바란다. 집보다 밖에서 보내는 시간이 더 많고, 부모보다 친구와 이야기하는 시간이 더 많을지라도, 아이들은 여전히 부모와 소통하고 싶어 하고 정서적인 교감을 나누고 싶어 한다. 이것은 청소년을 대상으로 한 설문조사에서 고민을 이야기하고 싶은 대상으로 부모를 꼽은 아이들이 많았다는 점을 봐도 알 수 있다.

우리나라의 교육 현실상, 많은 청소년들이 공부에 지쳐 부모와 제대로 대화를 나눌 시간과 여유가 없긴 하지만, 청소년기가 되면 몸과 마음이 어느 정도 성장해 부모를 어렴풋이나마 이해하게 된다. 그래서 속 깊은 아이들은 부모를 부모이기 이전에 한 인간으로 바라보며 부모의 삶을 새롭게 생각한다. 흔히 말하듯 철이 드는 것이다. 그렇기에 이 시기에 부모와 적절하게 소통하는 아이들은 더 성숙하게 자기 자신과 세상을 바라볼 수 있게 된다.

자녀와 부모의 관계에서는 부모의 역할이 중요하긴 하지만 자녀의 몫 또한 크다고 할 수 있다. 청소년들이 부모에게 무조건적으로 의지하거나 반항하지 않고, 고민을 이야기하며 마음을 나눌 수 있으려면 어른들은 어떻게 해야 할까? 그리고 문제가 있는 가정의 아이들이 흔들리지 않고 자신을 지켜낼 수 있도록 하려면 어떤 도움이 필요할까? 질풍노도의 시기, 자녀와 부모의 소통을 돕기 위하여 어떤 책을 활용하면 좋을까?

: : 이럴 땐 이런 책

『노란 코끼리』

스에요시 아키코 지음, 양경미·이화순 옮김, 이가서

이 책은 또래 아이들에 비해 다소 성숙한 '요군'과 요군네 가족의 이야기다. 부모님이 이혼한 뒤 요군은 동생 '나나'와 매사에 서툰 엄마와 함께 오순도순 평범하게 살아간다. 그런데 요군네 집이 다른 집과 좀 다른 점은 사건이 벌어지면 그 중심에는 늘 아이들이 아닌 엄마가 서 있다는 것이다. 하지만 아이들은 크고 작은 사건들을 겪어 가면서 엄마가 힘들어할 수밖에 없는 현실을 조금씩 이해하게 된다.

요군의 생일날, 요군과 나나는 아빠와 오랜만에 식사를 함께 하면서 이런 기회가 또 있었으면 좋겠다고 생각하고, 우산을 빌려 주면 우산을 돌려주기 위해서라도 다시 만날 수 있을 거라는 기대를 품는다. 하지만 아빠는 우산을 빌려 가면 다시 돌려주러 와야 하니까 받을 수 없다고 말한다. 이 말을 들은 요군은 '스스로 훌쩍 커 버리고 있다는 느낌과 함께 어른이 되어 가는 쓸쓸함'을 느끼게 된다. 그러면서 엄마가 느낄 마음 한 구석의 허전함을 생각하며, 힘든 내색 하지 않고 즐겁게 이겨 내려고 애쓴다. 혼자 아이들을 돌보아야 하는 엄마의 현실적 고통을 이해하게 된 것이다.

때론 자신의 현실을 슬퍼하기도 하고, 다른 사람들과 다름에 화가 나기도 하고, 때로는 어떻게 하는 것이 옳은 것인지 몰라 방황하기도 하지만 그렇게 알콩달콩 살아가며 부모는 자식을, 자식은 부모를 조금씩 이해할 수 있는 것이다.

이 책을 읽은 아이들이라면 아마도 '나는 부모님을 부모 이전의 한 여자(남자)로서 이해하려고 노력해 본 적이 있는가?'라는 의문을 가져볼 수 있을 것이다. 그리고 부모님이 단지 나를 위해 존재하는 사람이 아닌 하나의 독립된 인격임을 생각해 볼 수 있을지도 모른다.

전에 '담배 피우는 엄마' 때문에 고민을 하는 민정에게 이 책을 권한 적이 있다. 여느 아이들보다 더 밝고 당당했던 민정이 어느 날 풀이 죽은 모습으로 찾아와 불쑥 "엄마가…… 자꾸 화장실에서 담배를 피우세요. 그래서 제가 막 짜증 내고, 저도 담배 피울 거라고 협박도 했어요."라고 했다.

한창 호기심 많고 예민할 나이에 그런 고민을 하는 민정이 안쓰러우면서도 담배를 피우는 민정의 엄마는 어떤 분이실까 궁금하기도 했다. "매일 담배를 피우시니, 아니면 가끔 피우시는 거니?"라고 물었을 때, 민정은 "가끔 피우시는데, 꼭 화장실에서 몰래 피우다 걸리세요."라고 했다. 그 얘기를 들으니 엄마에게도 무슨 사연이 있을 것 같아 민정에게 『노란 코끼리』를 권했다.

물론 담배가 기호식품이기에 개인의 선택사항은 맞지만 민정에게 엄마가 담배 피우는 것을 무조건 인정하라고 할 수는 없었다. 그리고 무엇보다 엄마에게도 살면서 느끼는 힘겨움이 있을 것이고 그 힘겨움을 이겨 낼 나름의 방법을 찾지 못해 더 고통스러워할 수도 있다는 것을 민정에게 알려 주고 싶었던 것이다.

책을 다 읽고 함께 이야기한 날 민정에게 "오늘 집에 가서 엄마를 꼭 안아 드려 봐. 그리고 '요즘 무슨 힘든 일 있으세요?' 하고 여쭤 봐. 엄마하고 대화를 할 수 있을 거야. 그리고 '엄마가 화장실에서 담배 피우시면 무슨 속상한 일이 있는 건가 싶어서 무지 걱정돼요.'라고 말하는 것은 어떨까?"라고 했더니, 고개를 끄덕이며 돌아갔다.

한참이 지나서 밝은 얼굴로 만난 그 아이는 "선생님이 시킨 대로 했는데, 엄마가 아직도 가끔 담배를 피우시니까 실패인거죠?"라고 하며 웃었다. 그 아이는 엄마가 담배를 계속 피우기 때문에 실패라고 여길지 모르겠지만, 웃으면서 그 말을 하는 아이를 보니 예전보다 여유가 느껴져 교사인 나는 속으로 성공이라고 생각했다.

『소녀의 마음』

하이타니 겐지로 지음, 햇살과나무꾼 옮김, 양철북

이 책에 나오는 '가스리'는 이혼 가정에, 문제아라 불리는 남자 친구를 둔 딱 '비뚤어질' 환경에 그대로 방치되어 있는 아이다. 하지만 가스리는 술 마시고, 담배 피우는 전형적인 불량소녀의 모습이 아닌 매우 건강한 소녀로 자라고 있다. 그 이유는 무엇 때문일까?

'어디로 튈지 모르는 공' 가스리가 중심을 잡을 수 있는 것은 어디에 부딪쳐도 다시 튕겨 나와 자신을 지킬 수 있는 부드러운 고무로 만들어졌기 때문이다. 가스리의 부드러움은 부모와의 안정된 소통 속에서 형성된 자아(자아존중감)에서 나온다.

가스리는 엄마가 사랑하는 사람이 부인과 자식이 있는 사람이라는 사실을 알고 큰 충격을 받는데, 그런 가스리를 아빠는 위로한다.

"사람과 사람의 관계란 참 어려워. 부모 자식 사이든 연인 사이든, 상대방을 이해한다는 것은 쉬운 일이 아냐. 아빠하고 너는 살아온 세월이 많이 다르지만, 아마 네 생각도 아빠와 같을 거야. 이런 생각에 나이 차이 같은 건 없어. 어린아이들도 마찬가지일 거라고 생각한다."(98쪽)

사려 깊은 아빠의 말에 가스리는 어른이든 아이든 상처받는 것은 똑같다는 것을 깨닫고, 엄마의 마음을 이해하게 된다. 부모로 인해 받은 상처를 부모와의 관계 속에서 치유할 수 있었던 것이다.

이 책에서 가스리와 엄마는 자신의 입장에서만 이야기를 늘어놓아 서로에게 상처를 주는 반면, 가스리와 아빠는 서로의 입장을 이해하며 그 상처를 어루만져 준다. 이렇듯 가스리와 엄마의 대화, 가스리와 아빠의 대화 모습은 매우 큰 차이가 있다.

그런데 대부분의 아이들은 엄마와 대화할 때의 가스리처럼 속마음을 겉으로 잘 표현하지 못한다. 부모님에게 사랑을 표현하고 싶지만 부끄러워서 뜻대로 되지 않을 때가 더 많다.

아이들에게 이 책을 읽고 나서 자신의 경험을 떠올려 보고 '원래 하고 싶었던 말'과 '내가 한 말'을 적어 보라고 한 적이 있다. 그때 아이들이 적어 낸 것을 보니 술에 취해 들어오시는 아빠에게 "술 많이 드시면 건강에 안 좋잖아요. 조금만 드세요."라고 말하고 싶었지만, "왜 이렇게 술을 많이 드셨어요? 에이, 짜증 나."라고 했다는 등 여러 재미있는 이야기가 많이 나왔다. 이 책을 읽는 아이들이 가스리 아빠의 화법에 주목하면서, 부모와 쉽게 소통할 수 있는 방법을 생각해 보면 좋겠다.

처음 그네를 탈 때는 누군가 뒤에서 밀어주어야만 한다. 그런데 어느 시점에 다다르면 누가 밀어주지 않아도 자기 힘으로 높은 곳을 향해 나아갈 수 있게 되어 밀어준 사람의 도움은 자연스레 잊게 된다. 청소년의 심리가 꼭 이와 같다. 부모의 희생이 당연하다고만 여기는 것이다. 그런 아이들이 이 책을 통해 자신만 바라보는 '해바라기' 같은 부모들도 부모이기 이전에 자신의 삶을 사는 한 인간임을 생각해 볼 수 있었으면 한다.

• 함께 보면 좋은 영상

MBC 인터뷰 다큐멘터리 '가족' 4부작 中

1부 「어머니와 딸」 **이모현 연출, 2003. 09. 21**

: 때로는 갈등하며 부딪치지만 세상 누구보다 서로 공감하는 사이, 어머니와 딸 이야기.

2부 「아버지와 아들」 **채환규 연출, 2003. 09. 28**

: 어렵고 멀다고 생각했지만 어느새 이해하고 닮아가는 사이, 아버지와 아들 이야기.

「칼라의 소망」 **샤롯 사쉬 보스트룹 감독, 2007**

: 엄마, 아빠의 이혼으로 마음의 갈등을 겪는 10대 소녀의 심리를 그린 덴마크 영화.

• 함께 보면 좋은 책

『플라이, 대디, 플라이』 **가네시로 가즈키 지음, 양억관 옮김, 북폴리오**

: 사랑하는 딸을 위해 당당한 아버지로 거듭나려는 한 중년 남자의 고군분투기.

5
친구

: : 이런 아이 저런 모습

"내 친구를 소개합니다."

진주는 학교생활이 진짜 재미있었다. 친구들과 모여서 좋아하는 가수 이야기며 화장법, 어제 본 드라마 이야기를 하다 보면 집에서 속상했던 일, 따분한 수업 시간 따위는 어느새 멀리멀리 달아나 버렸다. 친한 애들끼리 모임을 만들어서 이름도 정하고 메신저도 하고 그 애들과 함께 눈에 거슬리는 애들 흉도 보고 그러다 보면 시간 가는 줄도 몰랐다. 누구 하나 정해 놓고 왕따를 시켰다가 풀어 주는 것도 재미있었다. 세상에 무서울 게 없었다. 일주일 전까지는 모든 게 완벽했다. 그런데 일주일 전부터 모든 게 달라졌다.

'칠공주들이 어떻게 나를 따돌릴 수 있는 거지?'

마음에 안 드는 애들에게 진주가 했던 욕들이 이제 모두 진주를 향하고 있다. 진주는 담임인 나에게 전학을 보내 달라고 했다. 나는 여러 가지 이야기 끝에 진주에게 이런 말을 건넸다.

"네가 그동안 친구들과 사귄 방식을 한번 돌아보자."

수연은 2학년이 된 뒤 학교생활이 정말 편해졌다. 교실에 아는 얼굴이라곤 하나도 없던 작년과 비교하면 정말 하늘과 땅 차이다. 작년에는 애들과 웃으며 이야기를 주고받아도 늘 겉돈다는 느낌이 들고 진짜 속 얘기는 못 한다는 기분이었는데, 이제는 연희, 아영과 항상 밥도 같이 먹고, 어느 대학에 갈 건지도 얘기하게 되었다. 셋은 점심 먹고 이를 항상 같이 닦기 때문에 '치카회'라고 모임의 이름도 붙였다. 수연은 연희, 아영에게 다는 아니지만 거의 모든 얘기를 하게 되었다. 그토록 상상만 해보던 친구, 진정한 친구가 수연에게도 생긴 것이다.

: : 아이 마음속으로 들어가면

친구가 없다면 이 세상은 사막이 되고 말지

아이들에게 친구는 살아가는 이유가 되기도 한다. 가볍게 무리지어 다니는 것을 좋아하는 아이들이든, 진지하게 두세 명과 어울리는 것을 선호하는 아이들이든 관계없이 아이들에게 친구란 숨 쉬는 공기와도 같다. 이 공기를 빼앗기면 아이들은 금세 숨 막힐 것 같은 표정이 된다.

아이들을 가만히 들여다보면 성별에 따라, 나이에 따라 친구를 사귀는 방식이 조금씩 달라진다는 것을 알 수 있다. 초등학교 고학년에서 중학교 저학년에 이르는 사춘기 초기에는 무리지어 다니는 것을 선호하고, 조금만 다른 점이 발견되어도 배척하고 금세 다른 무리를 만든다. 왕따 같은 문제가 자주 불거지는 것도 이 시기다. 이 시기의 아이들은 이런 성격의 친구, 저런 성격의 친구, 그 앞에서 나의 이런 모습, 저런 모습을 조금은 가볍게 그러나 변화무쌍하게 실험해 보는 것 같다. 그 과정에서 쉽게 상처를 받지만 부모나 형제 등 다른 지지집단이 있을 때는 극복을 하고, 그런 지지집단이 없는 아이들의 경우에는 치명적인 상처로 남기도 한다.

이 시기를 넘기고 나면 아이들은 두셋씩 마음에 맞는 친구들을 찾아 진지한 우정을 맺으려고 한다. 서로를 깊게 이해하고 다독여 주기에 우정이 오래가지만, 이 시기에 틀어지면 그 상처가 오래 남기도 한다.

청소년기 아이들에게 친구는 자신을 비춰 보는 거울과도 같기 때문에 그 의미가 더욱 각별하다. 부모의 절대적인 영향에서 벗어나 독립된 영역을 구축하고 싶은 욕구가 강한 이 시기, 아이들은 아직 자기에 대한 개념이 완전히 정립되지 않고 유동적이기에 친구가 자신을 어떻게 생각하는가, 자신이 그룹 속에서 어떤 위치에 있는가에 따라 자신에 대한 개념을 정립해 간다. 친구들에게 정서적으로 의존하고 친구 관계에 민감할 수밖에 없는 이유가 여기에 있다.

또한 집단에서 튀고 싶다는 욕망과 자신의 존재를 집단 안에서 확인받고 싶은 욕망이 충돌하기에 과도하게 친구들의 외모나 습관, 태도, 가치관 등을 모방하여 안도감을 얻으려 하기도 한다.

이처럼 청소년기 아이들에게 친구란 어른들이 생각하는 것보다 훨씬 더 큰 의미를 차지한다. 이것은 청소년을 대상으로 한 설문조사에서도 확인된 바 있다. 친구가 공기처럼 소중하다는 것을 알아가는 아이들에게 친구와 우정의 의미를 생각해 보게 하는 책들을 소개하는 일은 그래서 더 각별하게 다가온다.

: : 이럴 땐 이런 책

『지독한 장난』

이경화 지음, 대교출판

이 책은 아이들 사이에서 사소하게 시작해서 때로는 심각한 문제로 불거지기도 하는 '왕따' 문제를 다루고 있다. 왕따의 가해자 '강민', 피해자 '준서', 옆에서 방관하는 '성원'까지 세 아이들의 시점을 교차하면서 이야기가 진행되어 아이들의 속내를 속속들이 들여다볼 수 있다. 또한 왕따의 과정을 힘의 게임인 프로레슬링과 연결하여 더 강하고 직접적으로 와 닿는다.

준서는 키 크고 잘생긴 강민과 함께 다니기 위해 혜진을 왕따시키는 데에 앞장섰지만 순식간에 '난쟁이 똥자루'가 되면서 왕따가 되어 버린다. 가해자에서 피해자가 된 것이다. 준서를 왕따시킨 강민은 사실 초등학교 때 난쟁이 똥자루만 한 키로 왕따를 당한 적이 있다. 성원은 이런 강민의 과거를 알고 있지만 그것을 말하지도 않고, 강민이 준서를 괴롭히는 일에 함께하지는 않지만 그렇다고 말리지도 않는다.

이 책을 읽다 보면 소중한 친구를 얻기 위해서는 먼저 '친구를 사귀는' 치열한 과정을 거쳐야 함을 깨닫게 된다. 대부분의 아이들, 특히 중학생들은 좋은 친구가 생기기를 무척 바라지만 자신이 먼저 좋은 친구가 되어야겠다는 생각까지는 잘 하지 못한다. 그래서 이 애, 저 애에게 말을 걸고 접근했다가 자기와 맞지 않는 것 같으면 금방 싫증을 내고 돌아서 버린다. 또 아는 아이들은 많지만 절친한 친구가 없다 보니 깊은 고민을 나누지 못하고 겉보기 친구로만 남는 경우도 많다. 아마도 아이들은 친구를 사귀기 위해 '나'보다는 '너'를 먼저 생각하고 이해해야 한다는 것을 머리로는 알고 있지만 경쟁을 부추기는 사회의 압박 속에서 몸으로는 채 익히지 못한 듯하다.

그런 면에서 이 책은 가해자, 피해자, 방관자의 입장을 모두 보여 주고 있어 '나' 아닌 '너'를 만날 수 있다. 또 준서와 강민의 모습을 보며 '장난'으로 시작한 것이 누군가에게는 마음에 '피멍'으로 남을 수 있다는 끔찍한 사실과 함께 지금의 가해자가 순식간에 피해자로 전락해 버리는 관계의 무서움도 깨달을 수 있다.

또 책 속에서 크게 부각되지는 않았지만, 초기에 왕따를 당하는 '혜진'의 모습을 살펴보는 것도 의미가 있다. 혜진은 준서와 강민의 이유 없는 따돌림을 무덤덤하게 받아들인다. 혜진의 주변 여자아이들은 공부도 잘하고 반듯한 혜진이 왕따당하는 것을 은근히 즐기기만 할 뿐이다. 그런 혜진이 왕따당하는 준서에게 말한다.

"모두가 다 연극이야. 아무리 연기를 잘해도 시간이 흐르면 배우는 무대에서 내려오게 되어 있어. 연극은 끝나게 되어 있다." (167쪽) 혜진은 마음의 상처를 스스로 치유할 수 있는 힘을 지닌 것이다. 그래서 그 힘으로 자기를 괴롭히는 아이들 앞에서도 당당히 걸어가고, 다른 사람에게도 눈을 돌릴 수 있는 여유를 가질 수 있었다. 이런 혜진의 모습은 우리 아이들에게도 많은 것을 생각해 보게 할 것이다.

마지막에 준서는 왕따 주동자인 강민에게 처음으로 저항한다. 새롭게 성원을 왕따시키는 것을 도와주면 왕따에서 벗어나게 해주겠다는 강민의 말에 용기를 내 "싫어."라고 말한 것이다. 어쩌면 준서는 강민에게서 오직 승리만을 위해 반칙을 일삼는 나쁜 프로레슬러의 모습을 보았는지도 모르겠다.

친구 관계는 힘의 논리가 지배하는 프로레슬러의 세계가 아니다. 친구 관계에서 승리를 얻겠다는 생각은 얼마나 답답한가? 기쁨과 슬픔을 함께하면서 함께 성장하고 삐거덕거리면서 더디 가도 함께 가는 사람, 그것이 친구일 것이다. 이 책을 통해 아이들이 자기 주변의 친구들을 돌아보며 친구의 진정한 의미를 한번 생각해 보았으면 한다.

『밤의 피크닉』

온다 리쿠 지음, 권남희 옮김, 북폴리오

아이들이 친구를 대하는 모습을 보면 아쉬울 때가 많다. 친구라고 사귀었다가 무엇에 토라졌는지 금방 등 돌리는 아이가 있는가 하면, 친구인지 똘마니인지 분간이 안 될 정도로 친구를 아주 자기 종처럼 부려 먹는 아이도 있다. 아예 친구를 사귀는 것보다 자기 미래를 위해 공부를 하는 것이 훨씬 더 가치 있다며 친구 사귀기를 포기하는 아이들도 있다. 이런 아이들의 모습을 보면서 나는 작년에 가르쳤던 제자 정아가 쓴 친구 이야기를 떠올린다.

초등학교 6학년 때였다. 6학년이 시작되고 일주일도 채 되지 않아 서로가 서먹서먹하던 그때, 한 아이가 다가와 내게 말을 걸었다.

"너 5학년 때 8반 부반장이었지? 너 만날 우리 반에 심부름 왔었잖아."

워낙 수줍음이 많았던 나는 순간 얼굴이 새빨개졌다. '나를 알아보는 애가 있다니.' 놀랍고 창피했다. 5학년 담임선생님이 학년 주임이어서 부반장이었던 나에게는 매일같이 학급을 돌며 선생님들께 전달사항을 전달하는 임무가 주어졌다. 다른 반에 문을 열고 들어갈 때마다 눈동자 수십 개가 나에게 쏠리는 게 느껴져 얼른 메모만 전달하고 후닥닥 나오기 일쑤였다. 그런데 나를 기억하는 아이가 있었다니. 그 아이는 한술 더 떠 "너 볼 때마다 친구하고 싶었는데 같은 반이 돼서 좋다."라고 했다.

그렇게 우리는 친구가 되었다. 수줍음이 많은 나와는 달리 왈패 기질이 있는 그 아이. 장녀로서 책임감만 배웠지 자유를 몰랐던 나와는 달리 한껏 자유와 응석을 누렸던 막내딸 그 아이. 서로 많이 달랐지만 그래서 더 부러워하고 끌렸던 건지도 모른다. 그 친구는 서울로 이사를 갔지만 우리는 지금도 연락하고 만난다. 일 년에 한두 번 만나는 짧은 만남이지만 만나면 바로 어제 만난 것처럼 이야기꽃을 피운다. 일 년에 한 번씩 생일에는 '나의 오랜 소중한 벗'이라는 손발 오그라드는 문자를 주고받는다. 우리 둘은 그런 친구 사이다.

정아가 써낸 이야기를 보며 우정을 만들고 이어가기 위해 필요한 덕목들을 생각해 본다. 정아와 그 아이가 6학년 때 만나 오랫동안 우정을 유지할 수 있었던 것은 자신의 마음을 솔직하게 보여 준 '용기'가 있었기 때문이 아닐까. 그리고 서로를 있는 그대로 보아 주는 '관대함'과 서로에 대한 끊임없는 '이해'가 있었기 때문일 것이다.

이 책에 나오는 다카코의 친구들인 '안나'와 '미와코'도 그런 관대함과 용기를 지니고 있다. 고등학생인 다카코, 미와코, 안나는 절친한 삼총사다. 다카코에게는 같은 반의 동급생인 '도오루'와 이복형제 사이라는 말 못할 비밀이 있다. 도오루의 아버지가 바람을 피워 낳은 딸이 다카코이기 때문에, 다카코는 도오루와 불편할 수밖에 없는 관계다.

안나와 미와코는 그런 다카코의 비밀을 알면서도 다카코가 스스로 말하기 전까지 모른 척한다. 다카코를 배려한 것이다. 그리고 두 사람은 학교의 전통인 보행제 때 다카코와 도오루가 풀지 못한 마음의 매듭을 풀 수 있도록 기회를 만들어 준다. 미국 유학으로 보행제에 참석하지 못한 안나는 멀리 떠나 있으면서도 다카코를 위해 동생까지 보내온다.

'친구란 슬픔을 함께 지고 가는 자'라는 인디언 속담 그대로 소녀들은 다카코의 고민을 함께 풀고자 한 것이다. 다카코나 도오루 역시 친구들에 대한 믿음이 있었기에 자신들의 문제에 끼어든 것에 대해 화를 내기보다는 고마워하게 된다.

이렇게 책 속 인물들의 모습을 보다 보면 우정을 만들어 가는 데 필요한 덕목들이 그리 거창한 것이 아니라는 것을 알 수 있다. 있는 그대로의 모습으로 서로를 바라볼 수 있는 관대함과 믿음이면 족하다. 친구의 고민을 마음 깊이 이해하고 함께 풀어가는 용기까지 있다면 더할 나위 없겠다.

이 책을 읽으며 스스로에게 질문을 해보면 좋겠다. 나는 지금 내 친구와 어떤 모습으로 만나고 있는 걸까? 혹시 친구가 없어도 괜찮다고 말하면서 뒤에서 남몰래 눈물을 훔치고 있지는 않나? 이런 질문들 속에서 자기 주변의 친구들을 돌아보면서 나의 현재 모습이 어떤지를 투명하게 그려 보면 좋겠다. 주변에 친구가 많다면 그 속에서 나와 내밀한 우정을 나누는 친구에게 새삼 고마워질 수도 있다. 또 친구가 별것 아니라고 생각하고 있었다면 우정을 쌓아가는 것이 삶에서 얼마나 소중하고, 의미 있는 것인지를 느낄 수도 있을 것이다.

혹시 우정을 어떻게 만들어 가야 할지 난감하다면 책 속의 인물들을 다시 한 번씩 떠올려 보아도 좋을 것이다. 가장 마음에 드는 인물은 누구일까? 치밀한 계획을 세워 친구의 문제를 풀어 주려 한 용기 있고 지혜로운 안나, 다카코의 모습을 있는 그대로 지켜봐 준 이해심 많은 미와코, 거칠고 무심한 듯하지만 따뜻한 마음결을 지닌 도오루와 그런 도오루를 이해하고 함께하는 시노부. 가장 마음에 드는 인물을 고르고 그 인물에게서 닮고 싶은 점을 찾아보는 것도 의미 있을 것이다.

친구 없이 학창시절을 보낸다는 것은 참 힘겨운 일이다. 매일매일을 혼자 걸어간다면 외롭고 또 외롭다. 함께 가는 친구가 있다면 힘이 날 것이다. 때로는 칠흑같이 어두운 밤을 걷는 듯한 막막함, 오아시스를 찾아 모래사막을 걷는 듯한 목마름 속에서 친구는 함께 불을 밝히고, 물을 나눌 수 있는 존재가 아닐까.

소설 속 아이들이 '보행제'라는 밤길 걷기 행군 속에서 서로의 참모습을 발견하고 자신을 되돌아볼 수 있는 기회를 얻은 것처럼 (갑작스럽게 얻은 기회가 아니라 지난 2년 동안 서로를 알아가는 과정이 있었기에 기회를 얻은 것이다) 우리 아이들도 긴 긴 학창시절을 함께 걸어가며 서로 이해하고 밀어주고 끌어 줄 수 있었으면 좋겠다. 그러면 어느새 스스로의 부족한 점을 채워가고 서로의 소중함에 감사하며 삶을 더 단단하게, 더 풍요롭게 만들 수 있을 것이다.

- 함께 보면 좋은 영상

「굿바이 마이 프렌드」 피터 호튼 감독, 1996
: 세상의 편견을 뛰어넘는 두 소년의 가슴 시린 우정.

「프라이드 그린 토마토」 존 애브넷 감독, 1992
: 인종과 세대를 초월해 우정을 나누며 거침없이 살아가는 여인들의 이야기.

- 함께 보면 좋은 책

『우아한 거짓말』 김려령 지음, 창비
: 열네 살 소녀의 자살을 통해 되짚어 보는 친구 관계, 인간관계의 이면.

6

사랑

:: 이런 아이 저런 모습

"우리도 사랑하게 해주세요!"

명진은 불뚝 성질이 있는 녀석이다. 인상도 거친 데다 조금이라도 자기가 손해를 볼 것 같은 상황이 되면 금세 볼멘소리가 튀어나온다. 화가 나면 잘 참지 못하는 명진의 성격은 여자친구를 사귀는 데도 그대로 드러나 이따금씩 복도에서 여자친구와 큰 소리로 싸우는 장면을 목격할 수 있다. 둘이 서로 기분 좋을 때는 남세스러울 정도로 다정하게 마주보며 이야기하고 큰 소리로 웃고 하다가도, 뭣 때문인지 한번 틀어지면 복도에서도 큰 소리로 싸운다. 그럴 때 둘 사이를 오가는 기운은

심상치 않다.

그렇게 거칠고 감정 절제가 안 되던 명진이 어느 날 머뭇거리며 교무실 문을 열고 들어섰다. 이야기를 좀 하고 싶다는 거였다. 옆 자리에 의자를 내주고 앉히니 주섬주섬 제 이야기를 꺼내 놓는다. 여자 친구와 싸운 날이면 배가 아파서 수업에 집중할 수가 없다는 것이었다. 아하, 딱 벌어진 어깨, 험악한 인상, 거친 언행 뒤에 예민한 소년이 숨어 있었구나.

여자 친구에 대한 그 아이의 마음이 어떤지 이야기하면서 좋아하는 이성이 생기면 하는 행동을 같이 짚어 보았다. 명진이 이야기를 하던 도중 문득 깨달았다는 듯 말한다.

"이상하네요. 아버지가 제게 하는 행동을 제가 여자 친구에게 하고 있어요. 막상 저는 아버지가 저를 좀 더 풀어 주기를 원하면서 여자 친구는 제 틀에 맞추려고 해요. 약속을 강요하고 약속을 지키지 않으면 너무나 화가 나죠"

: : 아이 마음속으로 들어가면

춘향과 몽룡도 열여섯이었어라

어른이 된 내가 어렸을 적에 이성에게 가졌던 막연한 호기심과 열망, 부끄러움을 생각해 본다. 그리고 이번에는 20일, 50

일, 100일 날짜를 세어 가며 만나고 헤어지기를 거듭하는 아이들을 바라본다. 그리고 다시 열여섯에 서로에게 반해 죽음도 불사하고 사랑을 불태운 춘향과 이몽룡, 로미오와 줄리엣을 생각해 본다. 아이들이 이성에 대해 갖는 관심, 이성 친구를 사귀면서 그 관계에 부여하는 의미는 개인마다 강도와 빛깔이 다르다.

그저 나를 내세우는 또 하나의 장신구처럼 여자 친구, 남자 친구가 있다는 것을 주위에 내세우고 싶어 이성 친구를 만드는 아이가 있는가 하면, 주위에서 인정할 정도로 진지하게 사랑을 나누는 아이들도 있다. 또, 또래 이성에게는 아예 무관심한 아이들도 있으며, 일찌감치 성적인 일탈에 빠져드는 아이들도 있다. 이런 아이들 각자의 성적인 선택과 행동에는 각자의 역사와 심리적인 상태가 반영되어 있다. 아이들은 지금, 인간의 일생을 결정짓는 중요한 두 축인 일과 사랑 가운데 한 축을 실험해 보고 있는 것이다.

우리의 청소년기를 되돌아보아도 그렇고, 춘향과 몽룡을 떠올려 보아도 청소년들은 이미 신체적으로나 심리적으로나 하나의 온전한 성적인 주체다. 그럼에도 청소년들이 탐구하고 실험할 수 있는 성적인 행동은 극히 제한되어 있다.

사회에 나갈 준비가 그다지 복잡하지 않았던 농경사회에서 몸이 크면 그대로 어른일 수 있었던 춘향, 몽룡과는 달리 이 시대 청소년들에게는 사랑과 임신이 행복일 수는 없다. 그러하기에 절제를 가르쳐야겠지만 무조건 가로막는 것은 정확한 해법일 수가 없다. 사랑과 성의 내밀한 의미와 가치를 자신들의 눈높이에 맞게 경험하게 하고, 그것을 어른들과 나누어 더욱 진지하게 보듬을 수 있도록 도와주어야 하는 것이다. 그렇지 않고는 사랑과 결혼에 대한 그들의 체험은 황당무계한 드라마 속 사랑이나 포르노 속 야합을 벗어나기 어려워진다.

아이들을 성적인 주체로 인정해 주고, 성과 사랑에 대한 아이들의 탐구와 실험을 격려해 주고 싶다면 어떤 책을 권해 주는 것이 좋을까.

:: 이럴 땐 이런 책

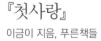

『첫사랑』
이금이 지음, 푸른책들

우리 아이들의 사랑은 어떤 모습일까? 이 책은 이제 막 사랑을 알게 된 열세 살 소년 동재가 사랑을 얻고 또 잃는 과정을 그리고 있다. 동재는 사랑에는 아직 숙맥인 남자아이다. 동재는 아빠의 재혼으로 이름만 봐서는 진짜 여동생 같은 '은재'와 남매가 된다. 둘은 처음에는 서먹했지만, 동재가 짝사랑하는 연아와 은재가 아는 사이인 것을 알고는 동재가 은재에게 데이트 코치를 부탁하면서 점점 가까워지기 시작한다.

동재와 은재의 대화를 읽다 보면 우리 아이들이 생각하는 '사랑'이 어떤 것인지 알 수 있다. 동재는 연아의 이모가 같은 동네인 것도 운명이라고 생각하고, 휴대폰 번호만 알고 있어도 세상을 다 얻은 것 같은 기분을 느낀다. 사랑을 처음 시작하는 소년답게 순수하기 짝이 없다.

하지만 동재는 그것만으로는 사랑이 이루어질 수 없다는 것 또한 안다. 그래서 연아에게 더 잘난 사람으로 보이기 위해 자신을 포장하려고 한다. 그러나 아직 이성적 사고와 판단이 잘 서지 않는 나이기 때문에 '아주 근사하고 큰 생일선물을 해 주어야 해, 발렌타인데이 때 튀어야 할 텐데' 하는 식의 남에게 보여 주기 위한 모습들로 그 사랑의 가치를 판단한다. 즉 아이들에게 사랑은 이벤트라는 공식이 성립하는 것이다. 이벤트로 내 마음을 다 보여 줄 수 있을 것이라고 생각하고, 보여 주지 않으면 느끼지 못한다는 것이 아이들의 생각이다.

동재는 인터넷 지식 검색에 여친과의 100일을 어떻게 보내야 할지 질문을 올린 뒤에 올라온 답변을 바탕으로 해서 이벤트 계획을 세운다. 동재처럼 자신의 관심과 사랑을 겉으로 드러내고 표현하는 것 자체는 나쁘지 않다. 그러나 남에게 보여 주기 위한 목적이 더 강하다면 정말 중요한 마음을 놓치고 있는지도 모른다는 것을 아이들이 깨달을 수 있도록 도움을 주는 것도 필요하다.

아이들이 이성 친구에게 자신의 마음을 표현하려는 것은 스킨십을 통해서도 나타난다. "애들 많은 데서 아무도 눈치 못 채게 슬쩍 스킨십 해주면 여자애들이 뻑 간대."라는 민규의 말을 통해서도 알 수 있듯 초등학교 6학년 아이들도 몸으로 느끼는 사랑에 어느 정도 익숙해져 있다. 그렇기에 이런 부분에 대해서 터놓고 이야기를 나누는 것이 필요하다. 사랑하기에 본능적으로 서로에게 더 가까이 다가가고 싶은 마음이 들겠지만, 무분별한 행동은 옳지 않다는 것을 아이들이 자연스럽게 느낄 수 있도록 이끌어 주어야 한다.

아이들과 이성 친구에 대한 이야기를 나눠 보면, 이 책의 동재처럼 그들 나름대로는 매우 진지하고, 심각하게 고민함을 알 수 있다. 또한 남녀 사이에서 지켜야 할 예의, 남녀의 서로 다른 생각 차이로 인해 사랑에도 상대방에 대한 배려가 있어야 한다는 것도 안다. 그러나 머릿속으로 이해하는 것이 행동으로도 나타날 수 있도록 어른들이 때로는 이끌어 줄 필요도 있다. 아직은 사랑에 대해 궁금한 것이 더 많은 청소년이라면, 그리고 사랑을 시작하려는 아이들에게 어떤 조언을 해주어야 할지 고민이 되는 어른이라면 이 책을 함께 읽고 이야기를 해보아도 좋을 것이다.

『발차기』

이상권 지음, 시공사

『첫사랑』이 이제 막 사랑을 시작한 아이들의 이야기라면, 『발차기』는 사랑에 관해 조금 더 진지한 고민을 시작한 아이들의 이야기다. 아이들이 커 갈수록 사랑의 깊이도 깊어지고 그에 따른 고민도 달라지게 마련이다. 유치원에 다닐 때는 예쁘고 멋진 이성에게 호기심이 생기고, 초등학교나 중학교 다닐 때는 핸드폰에 당당히 '남친, 여친'이라고 저장할 수 있는 이성 친구가 생겨 정식 커플이 맺어진다. 중학생의 과도기를 지나면서 고등학생이 되면 이성에 대한 호기심은 성적 호기심으로 더욱 발전한다. 이성 친구와 일체감을 느끼고 싶은 마음을 어떻게 할 것인가? 아이들의 고민은 여기서부터 시작된다.

이 책의 주인공인 고등학생 '경희'는 또래 친구 '정수'와 진심으로 사랑을 했고 그 결과 덜컥 임신을 하게 된다. 갑작스럽게 임신 사실을 알게 된 경희는 배 속의 아이를 소중한 생명으로 받아들이게 되기까지 많은 고민과 갈등을 하게 된다.

경희의 마음속에는 자신의 부모가 정수의 부모보다 못났다는 절망감, 임신 시기 정도도 계산하지 못한 자신에 대한 죄책감, 임신 사실을 알고 도망가려고만 하는 정수에 대한 원망과 배신감, 그런 가운데에서도 사랑하는 정수를 놓치기 싫다는 절박감, 아무도 자신의 마음을 알아주지 않는 외로움, 부모님에 대한 미안함이 뒤섞이고 엉킨다.

경희는 이런 괴로운 시간 속에서 모성애로 배 속의 아이에 대한 믿음을 단단하게 다져 나간다. 그런 경희의 모습이 이 책을 읽는 아이들에게 자칫 임신에 대한 동경을 불러일으킬 수도 있다는 염려가 들기도 한다. 하지만 아이를 받아들이기까지 고민하고 방황하는 경희의 심리 묘사가 현실적이면서도 세심하게 나타나 있어, 사랑의 한 부분인 성을 어떻게 받아들여야 하는지를 진지하게 생각해 보게 되기도 한다.

책을 읽고 난 후 소설 속 경희와 정수의 마음에 얼마나 공감하는지, 자신 또는 주변에 그러한 경험을 한 친구가 있었는지를 떠올리며 경희와 정수의 입장이 되어 어떤 선택을 할지 생각해 보는 것은 어떨까. 이런 활동을 통해 자연스럽게 성에 대한 이야기를 나눌 수 있을 것이다.

성과 관련한 경우 특히나 아이들의 솔직한 생각과 경험을 끌어내는 것이 그리 쉽지만은 않다. 활동을 하다 "선생님, 진짜 솔직하게 써도 돼요?"라고 묻는다면, 교사가 솔직하게 표현할 수 있도록 격려해 주는 것이 좋다. 비밀이 보장된다는 분위기를 만들어 주는 것도 필요하다.

반대로 교사가 의도한 것보다 노골적인 성상담을 하는 학생도 있다. 한번은 어떤 학생이 "선생님, 제가 진짜 어떤 여자애를 좋아하는데요. 걔랑 자고 싶어요. 근데 어떡해야 될지 모르겠어요. 그럼 이 책이 답을 알려 주나요?"라고 단도직입적으로 물어왔다. 그 아이에게는 "이 책이 그 답을 주지는 않아. 하지만 너에게 그 고민에 대해 생각할 거리는 던져 줄 거야. 읽은 후에 다시 생각해 보렴." 하고 차분히 대답해 주었다.

우리 아이들은 성과 사랑에 대해 늘 호기심과 관심이 많다. 그래서 관련 책에 대한 호감도도 높다. 책으로 아이들과 소통할 수 있는 여지도 더 많다. 아이들과 툭 터놓고 성에 관해 진지한 고민과 솔직한 이야기를 나눠 보고 싶다면, 이 책을 한번 건네 보는 것은 어떨까.

• 함께 보면 좋은 영상

「과속스캔들」 강형철 감독, 2008

: 잘나가던 연예인에게 갑자기 찾아온 22세의 딸과 6세 손자. 과연 그들의 미래는?

• 함께 보면 좋은 책

『키싱 마이 라이프』 이옥수 지음, 비룡소

: 평범한 열일곱 살 소녀 하연이가 미혼모가 되면서 겪는 일을 현실감 있게 그린 이야기.

『이름 없는 너에게』 벌리 도허티 지음, 장영희 옮김, 창비

: 고등학생 헬렌과 크리스가 아이를 갖게 되면서 책임을 지는 어른으로 성장해 가는 과정을 그린 이야기.

7

상실

:: 이런 아이 저런 모습

"그 사람을 다시 만날 수만 있다면……."

동주가 공허한 눈길로 창밖을 바라보고 있다. 작은 목소리에 늘 약간 아래를 향하고 있는 눈길, 조심스러운 몸가짐의 동주는 어딘지 모르게 위축되어 보이는 인상의 아이다. 가만히 교사와 눈을 맞출 때는 왠지 슬퍼 보이곤 했는데 그런 동주를 볼 때면 저래서 세상에 나가 제 목소리를 낼 수나 있을까 약간 걱정스럽기도 하다. 그런 동주와 가정 형편에 대해 상담을 하던 중 뜻밖의 이야기를 들었다.

"엄마는 제가 아주 어릴 적에 집을 나가셨어요. 할머니와 아버지 이렇게 세 식구가 살았는데 중2 때 갑작스러운 전화를 받았죠. 엄마가 갑자기 돌아가셨으니 문상을 오라는 전화였어요. 집에 아무도 없어서 제가 받았는데 저는 어떻게 해야 할지 결정을 할 수 없었어요. 아버지께 말씀드렸지만 아버지는 펄쩍 뛰며 못 가게 하셨고 아버지도 가지 않으셨어요. 그게…… 마지막이었어요. 그때는 몰랐는데…… 가끔씩 생각이 나요."

소식을 끊어 버린 엄마, 그리고 죽음으로 다시 찾아온 엄마, 그 엄마를 찾아가 보지 못한 자식의 마음은 어떤 것이었을까. 아버지도 할머니도 없는 빈집에서 혼자 보내는 시간이면, 아이는 무슨 생각에 잠겨드는 것일까. 다시 만날 수 없다는 사실, 볼 수 있는 마지막 기회가 사라져 버렸다는 사실은 이 아이의 마음에 어떤 그림자를 드리우고 있을까.

성수는 나이에 걸맞지 않게 냉소적인 분위기를 풍기는 아이였다. 어딘가 겉늙은 것 같은 성수는 어휘력이나 문장 이해력이 매우 뛰어나 국어 시간에 일찍부터 눈에 띄었다. 1학년 수업이 끝나갈 무렵 상실을 주제로 한 문학 작품을 감상하고 글을 써 내는 시간에 성수는 놀라운 자기 이야기를 털어놓았다.

"중1 때부터 투병하던 아빠를 중3 때 잃었어요. 예고된 병이었지만 엄마의 충격은 컸고, 고등학생이던 형의 성적은 곤두박

질쳤죠. 저는 고등학교 진학을 앞두고 아무와도 의논을 할 수 없어 실업계 진학을 택했어요. 아빠가 너무 오래 아팠기 때문에 돌아가실 때는 슬픔보다 올 게 왔구나 하는 느낌이 더 컸어요…… 이제야 아빠를 보낼 수 있을 것 같아요."

: : 아이 마음속으로 들어가면

상실, 어쩌면 그것은 만남의 완성

살아가면서 우리는 다양한 이별을 경험한다. 그것은 아이들도 피해 갈 수 없는 일이다. 가족 중의 누군가를 잃었을 때 아이들이 받을 충격과 상처를 어른들이 잘 보듬어 주어야겠지만, 어른들 역시 같은 충격에 빠져 아이를 충분히 돌보지 못하는 경우도 많다. 그런 경우 상실의 경험은 아이에게 더욱 가혹한 흔적을 남길 수밖에 없다.

이별은 불가항력이지만, 어떻게 대처하는가는 인간의 선택이다. 떠나는 사람을 붙잡을 수는 없지만 보내는 마음, 남겨지는 마음에 여한이 없도록 최선을 다할 수는 있다는 말이다. 인류의 문화에 장례식이나 씻김굿이 필요했던 것은 상실을 경험한 개인에게 충분한 애도 기간을 주자는 지혜였을 것이다.

한편 어떤 의미에서 이별은 만남과 관계의 유한함을 일깨우는 좋은 기회이기도 하다. 만났을 때 충분히 사랑해야 후회가 남지 않으리라는 점을 배우고, 주어진 삶이 얼마나 소중한지 되새길 수도 있기 때문이다.

어떤 부모라도 아이가 살아가면서 이별을 경험하지 않게 해 줄 수는 없다. 하지만 아이가 가까운 사람을 잃었을 때 아이의 아픈 마음을 충분히 다독여 주고, 그 마음을 표현할 수 있도록 도와줄 수는 있다. 이별의 아픔이 돌덩이로 남아 아이들의 가슴을 짓누르지 않도록, 그 과정을 통해 인생과 관계의 유한함을 깨달을 수 있도록. 그것이 이별을 경험한 아이들 곁에 남아 있는 어른의 몫이기도 하다.

상실의 아픔을 겪은 아이들의 마음을 다독이려 할 때 건넬 만한 책으로는 어떤 것이 있을까.

:: 이럴 땐 이런 책

『오렌지 1kg 그리고 삶은 계속된다』

로젤린느 모렐 지음, 김동찬 옮김, 청어람주니어

수업을 하던 도중, 우리 반의 영수 아버지가 급하게 연락을 하셨다. 오랫동안 병석에 있던 아이의 엄마를 떠나보내게 되었다는 내용이었다. 놀라 병원으로 달려간 나와는 달리 영수는 너무나 무덤덤해 보였다. 할머니와 아빠가 계셔서 괜찮다고, 오랫동안 병원에서 고생하셨으니 오히려 잘되었다고 말했지만 나를 똑바로 보지 못하고 먼 곳을 그리운 듯 바라보던 영수와 동생 영희. 난 그저 먹먹한 가슴을 누르고 아이들의 손을 잡아주는 것 말고는 할 수 있는 게 없었다. 지금도 아슬아슬한 영수의 눈동자가 잊히지 않는다.

이 책은 영수처럼 병상에 누워 있는 가족을 둔 아이들이나 이제 막 누군가의 죽음을 경험한 아이들에게 죽음을 받아들이고 스스로의 감정을 추스르는 데에 도움을 준다. 알리스와 아빠가 엄마이자 아내의 죽음을 받아들이는 과정을 매우 섬세하게 그리고 있어 읽으면서 위로를 받으며 함께 감정을 추스르게 되는 것이다.

알리스에게 완벽하기만 한 엄마가 어느 날 갑자기 암 선고를 받는다. 엄마가 점점 여위고 초췌하게 변해가는 과정을 열두 살의 알리스와 아빠는 하루하루 함께하며 죽음의 과정을 경험하게 된다. 때론 다하지 못한 사랑에 후회하고 때론 자신에게만 불공평한 것 같은 현실에 절망하기도 하며 알리스는 기운을 잃어가는 엄마의 모습을 받아들이지 않으려 하지만 엄마를 향해 드리우는 죽음의 그림자는 막을 수 없다.

그러던 어느 날 암으로 고통스러워하던 엄마에게 마지막 순간이 찾아온다. 엄마는 가쁜 숨결 속에서 “알리스, 오렌지 사 오는 것 잊지 마!”라는 말만을 남기고 훌쩍 떠나 버린다.

이제 알리스는 아빠와 둘이서 살아야 한다. 밥도 해야 하고, 집안일도 해야 한다. 그 속에서 알리스는 혼자 자는 밤이 두렵고, 왜 자신만 이런 일을 겪는지 화가 나고, 친구들과 함께 웃고 있어도 외롭다. 아빠도 마찬가지다. 부인을 갑자기 잃고 딸아이와 삶을 어떻게 꾸려가야 할지를 생각할 여력도 없을 만큼 혼란 그 자체다. 엄마와 아내를 향한 애틋하고 가슴 아린 그리움이 마음속 생채기를 더욱 깊어가게 한다.

그렇게 고통을 견디던 중 알리스는 엄마가 마지막 순간에 아무렇지도 않게 “알리스, 오렌지 사 오는 것 잊지 마!”라고 했던 말이 “살아라, 내 딸아, 살아야 한다.”라는 뜻이었음을 마음으로 깨닫게 된다. 삶을 사랑하며 죽음을 품위 있게 받아들였던 엄마의 죽음을 인정하게 된 것이다.

이후 알리스의 아빠는 새로운 사람을 만나게 되고 알리스도 그녀를 엄마가 떠난 빈자리에 받아들인다. 어떤 막막한 순간에도 삶이 주는 놀라운 선물들을 마다하지 말고, 주저앉아서는 안 된다는 엄마의 말을 마음 깊이 이해하며 삶을 꾸려갈 알리스. 알리스에게 '엄마의 죽음'은 삶을 무의미하게 하는 것이 아니라 '삶을 더욱더 생생하게 이해하게 되는 시작점'이 된다. 이 책은 이렇게 상실의 경험이 깊은 슬픔을 거쳐 남은 삶을 살아가게 하는 숨은 힘이 될 수 있음을 보여 주고 있다.

언제든 다시 만날 수 있는 기회가 있는 헤어짐과 달리 죽음은 절대로 다시는 만날 수 없다는 깊은 상실감을 안겨 준다. 그 상실감에서 자란 감정의 나무는 건강하게 자라지 못하고 꼬일 대로 꼬여 있기 마련이다. 이 책은 죽음으로 인해 불쑥불쑥 여러 감정의 소용돌이 속에 휘말리는 것은 당연한 과정이라고 말한다. 그런 감정을 치유하기 위해서는 시간이 필요한 것이다.

가까웠던 누군가의 죽음으로 아파하는 아이가 있다면, 떠나보낸 그 사람에게 전하지 못한 말들을 한 자 한 자 적어가며 먹먹했던 감정을 정리하며 상처를 스스로 치유하는 글쓰기를 해보라고 권하고 싶다. 편지 형식으로 써서 병에 넣어 강물에 띄우거나 불에 태워도 좋고, 무덤가에 놓아두는 것도 좋을 것이다.

또는 책 속에서 알리스와 이모가 옛날 사진들을 보며 엄마와의 추억을 이야기하듯이, 떠나보낸 사람에 대한 이야기를 나누며 감정을 정리하는 시간을 가져도 좋겠다. 떠나보낸 이와의 아픈 추억은 아픈 대로 남기고 기쁜 추억은 기쁜 대로 받아들이는 과정 속에서 마음속으로 이별식을 마치고 다시 살아갈 힘을 얻게 될 것이다.

아직 누군가의 죽음을 경험하지 못한 많은 아이들에게도 이 책은 의미가 있다. 내 곁의 사람들도 '갑자기' '영원히' 떠날 수 있다는 것을 깨닫고, 현재 함께한다는 것이 얼마나 고마운 일인지 새삼 느끼게 될 테니까.

난 영수를 위해 이 책을 학급문고에 넣어 두었다. 이 책을 읽고 엄마의 죽음은 자기 탓도 아니고 몹쓸 운명의 장난도 아니라, 그저 삶의 일부라는 것을 어렴풋이나마 알려 주고 싶었다. 또 다른 아이들에게는 주변 사람들의 소중함을 느낄 수 있게 해주고 싶었다. 영수가 이 책을 읽었는지는 잘 모르겠다. 하지만 영수에게도, 다른 아이들에게도, 누군가의 죽음이 삶을 끝내고 싶게 만드는 절망이 아니라 삶을 더 깊이 있게 살아가게 하는 힘이 될 수도 있다는 것은 전했으리라 믿는다.

『꽃피는 고래』

김형경 지음, 창비

누군가를 갑작스런 사고로 잃는 것은 감정의 무방비 상태에서 맞닥뜨리는 너무나 큰 충격이다. 이런 상황에서 대부분의 아이들은 삶을 밀쳐내고 무기력하게 침잠하고 만다. 스스로의 감정을 다독이고 삶에 대한 방향성을 찾아야 하는 순간에 오히려 뒷걸음질 치며 더 깊은 외로움과 슬픔 속으로 빠져드는 아이들……. 이런 아이들에게 이 책의 '니은'을 소개한다.

니은은 어느 날 갑작스러운 교통사고로 엄마와 아빠를 한꺼번에 잃게 된다. 살아가면서 버팀목이 되고 바람막이가 되어 줄 부모를 잃고 망망대해를 떠도는 조각배처럼 세상에 홀로 남겨진 니은은 학교에도 가지 못한다. 아니 학교를 가려고 집을 나서 보지만 학교 가는 길을 찾을 수 없다. 세상을 향해 걸어가야 할 방향 자체를 잃어버린 것이다. 그렇다고 집에 계속 있을 수도 없다. 아빠 시계와 엄마 지갑이 무섭고, 부엌에 가면 엄마를, 거실에선 아빠를 떠올리게 하는 집의 모든 공간이 무섭다. 결국 니은은 아빠의 고향 처용포로 가게 된다.

처용포에서 니은은 '몸은 따스한데 마음은 거북이 등껍데기 속에 들어 있는 듯한 갑갑함' 속에서 허우적대기도 하고, 퓨즈가 나간 듯 정신을 잃기도 하지만 마음 한쪽에서는 '고아가 되기보다는 어른이 되'고 싶어 한다. 하지만 그 과정은 그리 쉽지 않다. 니은은 처용포까지 찾아온 친구 '나무'를 보며 자신은 부모도 없고, 밝음도 잃어버리고 게다가 사촌언니도 없다는 처절한 결핍감에 분노한다. 다시 서울로 돌아와 술과 담배에 손을 대고 친구들과 노래방도 가보지만 마음은 여전히 허허롭기만 하다.

그러다 우연히 교통사고를 목격하게 되면서 불현듯 딸을 혼자 두고 떠나야 했던 부모의 마음, 차가운 길바닥에서 죽음을 맞이한 부모의 아픔을 헤아리게 된다. 그러면서 엄마, 아빠의 죽음만을 떠올리며 슬픔에 휘둘리는 삶에서 벗어나 자신을 주어로 하는 삶을 생각한다. "나는 혼자 힘으로 고등학교를 졸업하고…… 직장에 들어가 휴가 여행을 떠날 것이다."라고 되뇌며 니은은 마음속 심지가 강해지는 것을 느낀다.

그리고 혼자 살아가는 방법을 정확히는 모르지만 슬퍼하고 있는 것만으론 안 된다는 것을 또렷이 알게 된다. 또 '자기 삶에 대한 밑그림이나 이미지'를 가지는 것이 어른이라는 것도 어렴풋이나마 깨닫는다. 상실의 상처에 '성장'이라는 새살이 돋아나고 있는 것이다.

'고아보다는 어른이 되기'로 한 니은의 곁에는 고래잡이의 삶을 진솔하게 살고 있는 장포수 할아버지와 오르락내리락 굴곡 많은 삶을 꿋꿋이 버텨낸 왕고래집 할머니, 한 달간 니은이의 마음을 어루만져 준 영호 언니 같은 멘토들이 있다. 그들의 삶에 대한 안목과 이야기들은 니은에게 따스한 위로가 되고, 니은이 고통을 이겨 내고 삶의 주체로 걸어가는 데에 도움을 준다.

나와 함께 이 책을 만난 몇몇 아이들은 읽으며 울었다고 했다. 니은이 불쌍해서, 또는 열다섯 살에 시집와 고생만 하는 왕고래집 할머니의 삶이 안타까워서 울었다는 아이들. 그중 소연은 자신을 아껴 주시던 외할아버지가 갑자기 돌아가신 것이 생각나서 울었다고 말했다. 그러면서 외할아버지가 돌아가셨다는 소식을 들었을 때는 아무것도 할 수 없을 것 같았는데 지금은 이렇게 공부하고 있는 걸 보면 어른들이 말하는 시간이 약이라는 말이 맞는 것 같다고 수줍게 덧붙였다.

나는 그 아이에게 시간이 지나 슬픔이 옅어진 것도 있겠지만 너도 니은처럼 슬픔을 다스리는 방법을 깨닫게 된 것이라고 말해 주었다. 그렇게 어른이 되어가고 있는 것이라고…….

누구나 살면서 예기치 못한 상처와 슬픔을 만난다. 그때 우리들 대부분은 더 깊은 슬픔의 구렁텅이로 스스로를 끌고 들어간다. 하지만 니은처럼 슬픔의 시간을 견디다 보면, 어느새 슬픔을 다스리는 방법을 깨닫고, 살아가야 할 의미를 찾아 삶을 향해 발돋움할 수 있다. 상실감이 주는 깊은 슬픔이 삶을 한층 더 견고하고 아름답게 만드는 디딤돌이 되기도 하는 것이다.

• 함께 보면 좋은 영상

「8월의 크리스마스」 허진호 감독, 1998
: 시한부 인생을 선고받은 남자가 가족을 챙기고, 사랑을 떠나보내는 겸허한 마지막 이별의 시간.

MBC 휴먼다큐멘터리 '사랑' 中
「풀빵엄마」 유해진 연출, 2009
: 아픈 몸으로도 아이들에게 끝까지 바람막이가 되어 주려는 엄마의 사랑, 그리고 가족의 소중함.

• 함께 보면 좋은 책

『졸업』 시게마츠 기요시 지음, 고향옥 옮김, 양철북
: 가족의 죽음이 남긴 먹먹함. 그 속에서 다시 돋아나는 희망과 이해, 그리고 더 큰 나눔.

『오른발 왼발』 토미 드 파올라 쓰고 그림, 정해왕 옮김, 비룡소
: "오른발 왼발." 하며 걸음마를 가르쳤던 할아버지를 떠나보내며 깨달은 큰 사랑과 허전함을 그린 그림책.

『할머니가 남긴 선물』 마거릿 와일드 지음, 론 브룩스 그림, 최순희 옮김, 시공주니어
: 죽음을 예감한 할머니가 손녀와 함께 이 세상의 아름다움과 삶의 의미를 찾아가는 길.

8

스승

:: 이런 아이 저런 모습

"선생님, 저 이제 외톨이와 안녕할지 몰라요."

은혜는 개학 첫날에 나와 눈을 잘 마주치지 않고 책상만 바라보고 있었다. 어딘지 겁먹은 듯한 표정, 주변을 둘러보지 않고 내내 책상만 바라보고 있는 자세는 일주일이 지나고 한 달이 다 되도록 변하지 않았다. 서먹하던 교실 분위기도 좋아지고, 쉬는 시간이면 아이들이 삼삼오오 모일 때도 은혜는 늘 동떨어져 있었다. 소풍날에도 아이들과 어울리지 못하고 혼자만 앉아 있는 은혜. 보다 못해 여자애들 가운데 리더 격인 승주에게 미션을 주고 은혜를 도와주라고 했는데 그로부터 2주일 후

둘이 크게 다투는 일이 벌어졌다.

상담을 해보니 은혜의 문제는 다른 사람이 말을 걸면 자신을 놀리려고 그러는지, 친해지고 싶어 그러는지 구분이 안 가기 때문에 웬만하면 화부터 버럭 내는 게 문제였다. 또 도움 주기나 칭찬하기 등 다른 사람들을 기분 좋게 할 만한 사회적인 기술도 거의 발휘할 줄 몰랐다. 상담하는 과정에서 은혜와 이런저런 이야기를 나누었다.

"은혜는 승주와 친구가 되고 싶니, 아니면 서로 모른 척하고 지내는 게 좋니? 친구가 되고 싶다면 승주가 뭘 좋아하는지, 누구랑 친한지 이런 걸 알아야 해. ……가족 중에 누가 은혜 기분을 제일 잘 알아? 언니? 은혜는 언니가 은혜한테 하는 것처럼 그 사람한테 관심을 가지고 그 사람을 잘 관찰해야 친구가 될 수 있어."

내가 조곤조곤 일러 주었더니 은혜는 주르륵 눈물을 흘리고 말았다. 오랫동안 외톨이로 지내면서 마음에 맺힌 게 많았으리라.

그 이후로 몇 번 더 친구 사귀기와 관련된 상담을 받고 나더니, 은혜는 쉬는 시간에 웃으며 장난도 치고 복도로 뛰어나와 잡기 놀이도 하며 점차 친구들과 어울리기 시작했다. 이제 은혜는 복도에서 마주치면 수줍게 웃고, 무언가 할 말이 없어도 빤히 보고, 때론 교무실로 찾아와 초등학생처럼 친구의 장난을 일러바친다.

:: 아이 마음속으로 들어가면

스승, 우리의 영혼을 품어 다시 태어나게 하는 자궁

아이들의 삶에서 교사가 차지하는 비중은 얼마나 될까? 아이들은 교사에게 얼마큼의 기대와 관심을 갖고 있으며 교사가 아이들에게 미칠 수 있는 영향력은 정말 얼마나 되는 것일까?

아이들이 교사에게 갖는 관심은 겉으로는 잘 드러나지 않는다. 적어도 청소년기에 이르면 아이들의 관심은 교사나 부모보다는 또래에게로 옮겨 간다. 그래서 어른들은 그들에게 더 이상 영향을 미치지 않는 것처럼 보이기 쉽다.

하지만 그것은 물밖에 드러난 백조의 우아한 모습일 뿐, 물밑으로 백조의 다리는 필사적으로 헤엄치고 있다. 아이들은 자신이 불완전하다는 것을 알기에 어른들의 인정과 승인, 도움 등을 기본적으로 원한다. 또한 실제로 청소년은 자신의 가슴을 울릴 수 있는 가르침을 들으면 쉽게 변하기도 한다. 다만, 그러한 마음을 들키고 싶지 않고, 자신의 독립성을 침해받지 않는 선에서 도움 받기를 바라기에 겉으로 드러내지 않는 것일 뿐이다.

아이가 어른이 되기까지 만나는 교사의 수는 어림잡아도 70명이 넘지만 이중에 단 한 명도 기억에 남는 선생님이 없었노라고 할 수도 있다. 반대로 한 교사가 한 가지만 아이에게 영향을 미쳤어도 아이는 70가지가 넘는 인생의 지침들을 간직한 어른으로 자랄 수도 있다.

'호밀밭을 지키는 파수꾼'처럼 어른들이 자기들 삶의 둘레를 넉넉히 지켜 주고 품어 주기를 바라는 아이들의 마음과 접속하려면 어떻게 해야 할까. 부모와 세상에 지쳐 옹이진 가슴과 접속하려면, 그래서 번개 치듯 두 개의 영혼이 만나게 하려면 어떻게 해야 할까. 그러한 만남을 갈망하며 웅크리고 있는 가슴에게 다가가려 할 때 어떤 책이 도움이 될 수 있을까.

: : 이럴 땐 이런 책

『나는 선생님이 좋아요』

하이타니 겐지로 지음, 햇살과나무꾼 옮김, 양철북

어른들에게 어릴 적 선생님은 지식을 전해 주는 유일한 권

위자였던 반면 요즘 아이들에게 선생님은 '지식 전달자'로서의 의미는 거의 사라졌다. 아이들은 학교 선생님 이외에도 학원 선생님, 학습지 선생님, 인터넷 강의 선생님들을 만난다. 게다가 포털사이트의 보이지 않는 선생님(?)들에게서까지 지식을 얻고 있다.

그렇다면 아이들이 학교 선생님에게 특별히 원하는 것은 무엇일까? 그것은 아마도 자기 고민을 들어주고 해결에 도움을 줄 수 있는 넓고도 깊은 이해와 지혜일 것이다. 아이들은 자신의 내면을 들여다볼 줄 아는 밝은 눈의 선생님, 상처 입고 엉킨 마음을 다독여 주는 넉넉한 마음의 선생님, 때로는 불확실한 자신의 미래에 대해 어느 정도 밑그림을 그릴 수 있도록 '내 안에 숨겨진 빛나는 보석'을 찾아주는 선생님을 바란다.

그러나 우리의 교육 현실에서 대부분의 아이들은 자신이 원하는 선생님을 실제로 만나는 것은 불가능하다고 생각한다. 또 함께하고 싶은 선생님이 나타나도 선생님에게 고민을 어떻게 말해야 하는지도 잘 모른다. 선생님 역시 다른 어른들과는 달리 좀 더 깊이 아이의 마음을 이해하고, 아이가 숨겨둔 보석을 찾아 반짝반짝 빛을 내도록 돕고 싶지만 무엇부터 어떻게 시작해야 할지 어렵기만 하다.

부모 자식의 만남, 친구들과의 만남과는 다른 특별한 기대감을 바탕에 둔 선생님과의 아름다운 만남을 담고 있는 것이 바로 이 책이다.

쓰레기 처리장에서 할아버지와 살고 있는 데쓰조는 고다니 선생님을 만나기 전까지는 파리를 키우는 이상한 아이, 학습 능력이 떨어지는 구제불능 아이, 부모 없이 자라 예의라고는 눈곱만큼도 찾아볼 수 없는 무례한 아이에 불과했다. 데쓰조를 처음 만났을 때 새내기 선생님인 고다니 선생님 역시 데쓰조를 이상한 아이라고만 생각했다.

하지만 쓰레기 처리장을 매일같이 오가며 그곳 아이들의 척박한 삶을 이해하면서 한 발 한 발 데쓰조에게 다가가기 시작한다. 그래서 데쓰조가 파리를 키우는 이상한 아이가 아니라 키울 수 있는 애완동물이 파리밖에 없어 파리를 키우는 외로운 아이라는 것을 이해하게 된다. 나아가 데쓰조가 예리한 눈과 날카로운 분석력을 지닌 어린 파리 박사라는, 데쓰조만의 빛나는 1퍼센트를 사람들에게 알리기까지 한다.

데쓰조의 외로움을 함께 느끼고 데쓰조가 세상을 향해 마음을 열어 가도록 돕는 고다니 선생님, 또 고다니 선생님과의 만남으로 서서히 스스로의 가치를 깨닫고 세상 속에서 자기 몫을 해내려고 노력하는 데쓰조. 이 두 사람의 만남은 단순히 선생님과 학생의 수직적 만남이 아니라 서로를 깊이 이해하고 아끼는 사람과 사람의 동등한 만남이다.

이 책을 읽는 아이들 대부분은 자신이 만나고 싶은 선생님이 바로 고다니 선생님 같은 분이라고 말한다. 그래서 자기가 좋아하는 선생님에게 이 책을 선물하기도 한다(책의 날에 선생님에게 가장 많이 선물하는 책이 바로 이 책이다!).

현실에서 이런 선생님을 만나고 싶다면 무작정 와주기를 기다릴 게 아니라 내 주변에 고다니 선생님 같은 분이 있는지를 먼저 되돌아보는 것은 어떨까? 나의 변변치 못한 현실을 보여주고 함께 고민을 풀어갈 만한 사람이 누구인지, 그 사람에게 하고 싶은 말은 무엇인지 정리하면서 자신의 현재를 되돌아보는 것이다. 그리고 용기를 내어 나를 이해해 주고 보듬어 주는 그분을 찾아가 더 깊은 이야기를 나눠 보면 어떨까? 이야기꽃을 피우다 보면 어느새 특별한 나만의 선생님을 찾은 걸지도 모른다.

『말더듬이 선생님』

시게마츠 기요시 지음, 이수경 옮김, 웅진지식하우스

동아리 아이들과 허심탄회하게 우리 학교 선생님에 대한 이야기를 나눈 적이 있다. 아이들마다 가장 좋아하는 선생님의 모습이 조금씩 달랐다. 그 평가의 기준은 매우 개인적이어서 저마다의 취향이 있는 것 같았다. 어떤 아이들은 세련되고 수업 시간에 핵심을 콕콕 짚어 주는 지적인 선생님을 좋아했다. 또 어떤 아이들은 아무렇게나 걸친 옷차림에 설명이 어눌해도 가끔 재밌는 이야기를 들려주는 선생님을 좋아하기도 했다.

물론 아이들 모두 입을 모아 이야기하는 좋은 선생님의 모습이 있었다. 아이들은 자기들을 이해해 주고 인격적으로 대해 주는 선생님, 쉬는 시간이나 수업이 다 끝난 후 찾아가도 언제든 환한 웃음으로 귀를 쫑긋 세우고 이야기를 들어주는 선생님, 나를 믿어 주고 밀어줄 것 같은 선생님을 최고로 친다.

바로 이 책의 무라우치 선생님 같은 선생님이다. 이 학교 저 학교를 돌아다니며 외로움과 힘겨움으로 끙끙대는 아이들 앞에 살포시 나타나서 아이들의 고민을 스르륵 풀어 주고는 사라지는 무라우치 선생님. 마음에 상처를 지닌 아이를 멀리서도 알아보는 혜안, 그 아이가 스스로 마음을 열도록 기다리는 인내, 도움을 요청해 오면 의연하게 문제 해결의 실마리를 던져 주는 지혜까지! 부모에게 치이고, 친구들에게 치여 축 처진 어깨를 토닥여 주고 자기만의 생각으로 또박또박 걸어갈 수 있게 힘을 실어 주는, 아이들 말 그대로 '짱'인 선생님이다.

그런데 이 책을 읽은 아이들이 가장 많이 하는 이야기는 현실에는 이런 선생님이 없다는 쓸쓸한 이야기였다. 어쩌면 아이들 말이 맞는지도 모른다. 그래서 이 책은 어른들, 특히 아이들과 소통하고 싶어 하는 어른들에게 도움이 될 것이다. 무라우치 선생님처럼 아이들에게 늘 관심을 가지고, 아이들이 다가올 수 있도록 마음의 문을 활짝 열고 기다리다 보면 아이의 마음도 조금쯤 열리지 않을까. 아이들의 문제를 해결해 줘야 한다는 강박 따위는 필요 없을 것 같다. 그저 다가온 아이가 혼자서 문제를 풀어 갈 수 있도록 끊임없이 믿어 주면 된다.

그렇다면 아이들에게 이 책은 어떤 의미로 다가올까? 현실에서 만나 볼 수 없는 선생님을 책 속에서나마 실컷 만나 보라는 것? 그건 절대 아니다.

고민을 갖고 있는 아이들은 책 속 아이들이 고민하는 것을 보며, 자신의 고민이 혼자만의 고민은 아니라는 것을 알고 위로를 받는다. 그리고 문제를 해결할 수 있는 열쇠는 자신이 쥐고 있고, 그 열쇠를 쓸 수 있는 지혜는 누군가와 진정으로 마음을 나눌 때 주어진다는 것도 느끼게 된다. 아이에게 이 책은 어른과 소통을 시작하는 방법을 알려 주는 것이다.

아이들과 상담을 하다 보면 어떤 아이들은 주저리주저리 이야기보따리를 풀기도 하지만 그저 먹먹하게 앉아 있는 아이들도 많다. 그런 아이일수록 그 아이의 평소 학교생활 모습을 눈

여겨보고, 이런 저런 사정들을 마음에 잘 담아 두었다가 먼저 이야기의 물꼬를 트면 쭈뼛쭈뼛 자신의 이야기를 새 모이만큼 풀어 놓는다. 아이도 조심스러운 것이다. 어쩌면 아이는 이 사람이 내 이야기를 들어줄 만한 애정과 여력이 있는지를 보는 건지도 모른다.

이 책에서 시노자와가 다른 아이들의 모습에서 벽을 느끼고 숨 막히도록 힘들어 무라우치 선생님에게 자신의 속내를 풀어 내려다가 이내 주저하는 것과 같다. 이럴 때 무라우치 선생님처럼 아이보다는 선생님이 더 용기를 내서 아이에게 다가가야 하지만 아이도 조금만 더 용기를 내서 다가와 주면 좋겠다.

고민이 있는 아이가 나쁜 아이가 아닌 것처럼, 고민을 단박에 해결해 주지 못한다고 능력이 부족한 어른인 것은 아니다. 다만 아이나 어른이나 고민을 함께하면 풀 수 있는데 서로 눈치만 보고 있어 서로를 나쁘다고만 생각하고 있는지도 모른다. 시노자와에게 무라우치 선생님이 깨달음을 줄 수 있었던 가장 큰 이유는 무라우치 선생님이나 시노자와가 서로에게 마음을 열고 다가섰기 때문이다. 그래서 둘 다 힘들면서도 외롭지는 않았던 것이다.

• 함께 보면 좋은 영상

「죽은 시인의 사회」 피터 위어 감독, 1989

:'카르페 디엠(오늘을 즐겨라)!'을 외치며 학생들에게 진정 원하는 것을 찾아나서는 용기를 가르쳐 준 키팅 선생님의 이야기.

「모나리자 스마일」 마이크 뉴웰 감독, 2003

: 변화를 꿈꾸면서도 고정관념을 버리지 못하는 학생들과 선생님이 함께 성장하는 이야기.

「굿 윌 헌팅」 구스 반 산트 감독, 1997

: 세상과 소통을 거부한 소년, 그리고 그 소년을 세상 속으로 또박또박 걸어가게 한 한 스승의 이야기.

• 함께 보면 좋은 책

『로빙화』 중자오정 지음, 김은신 옮김, 양철북

: 가난 때문에 그림을 포기한 천재 소년의 꿈을 이뤄 주려는 선생님과 그를 막는 거대한 세상.

『창가의 토토』 구로야나기 데츠코 지음, 김난주 옮김, 프로메테우스

: 아이 개개인의 개성을 존중해 주는 참된 교육의 의미를 되새기게 하는 작품.

『해바라기 카 짱』 니시카와 츠카사 지음, 양윤옥 옮김, 뜨인돌

: 카 짱의 모자람을 '남다름'으로 바라보고 숨겨진 재능을 반짝반짝 빛나게 해주는 모리타 선생님의 이야기.

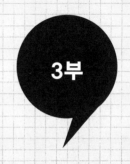

3부

도란도란 십대 마음

'사회'로 들어가기

- 가난
- 직업

9

가난

:: 이런 아이 저런 모습

"가난이 한낱 남루에 지나지 않는다고요?"

영서는 아버지를 보면 마음이 아프다. 영서의 아버지는 실직한 뒤 이혼까지 하셨다. 영서는 아버지와 자신을 힘들게 하는 세상이 원망스럽다. 그런 원망 때문인지 영서는 학교에서 규칙을 잘 지키려 하지 않는다. 지각을 하고도 벌 받기가 싫어서 빠져나가려고만 하고, 청소 시간에는 늘 뒷전에서 살살 맴돈다. 기분이 틀어지면 여자아이들에게도 서슴없이 상소리를 내뱉기 일쑤고 남자애들에게도 신경질을 잘 내 '성질 더럽기'로 반에서 소문이 났다.

이런 영서가 장학생으로 대학을 갈 수 있다는 학교 야구단에 가입한 뒤로 눈에 띄게 태도가 좋아졌다. 평소 운동을 잘했는데 운동으로 돈 걱정 없이 대학까지 갈 수 있다니 신이 난 모양이었다. 하지만 운동을 할수록 허리가 많이 아프고, 치료를 하기에는 집안 형편이 너무 어려워 걱정이 이만저만이 아니었다.

그렇게 지내던 어느 날 영서가 교무실에 불려왔다. 청소 시간에 또 뒷전에서 살살 꾀피우다가 선생님에게 지적을 받았는데 화를 내며 대든 것이다. 30분 정도 생각할 시간을 가진 뒤 이야기를 나누다 말고 아이는 속에서부터 터져 나오는 울음을 꺼이꺼이 뱉어냈다.

"죄송해요. 제가 요즘 너무 힘들어서요…… 아빠 얼굴 보는 것도 힘들고요, 아빠가 고생하는 것만 생각하면 답답해서…… 답답해서. 돈 달라는 말도 하기 힘들고…… 아빠를 도와주고 싶은데……."

: : 아이 마음속으로 들어가면

가난, 나를 넘어트리는 세상과의 대결

그 어느 때보다 돈이 힘을 발휘하는 세상이다. "부자 되세요!"

가 새해 덕담으로 방송에 당당하게 오르내리고, 초등학생들도 자신의 장래희망을 이야기할 때 그렇게 되고 싶은 이유로 '돈을 많이 버니까'를 맨 앞자리에 둔다. 낳은 순간부터 학교에 들여보내기까지 온갖 뒷바라지를 하고서도, 남들만큼 돈을 들여 자식을 키우지 못한 부모들은 자식 앞에 왠지 죄스럽다.

자식들은 또 어떤가. 어려운 형편에서도 힘껏 자기를 뒷바라지하는 부모에게 감사하는 마음보다는 다른 부모들과 비교하며 원망하고 무시하는 마음자리들이 훨씬 커져 버렸다. 이래저래 요람에서 무덤까지 돈이 없으면 사람 노릇 못 하는 몹쓸 세상이 된 지 오래다. 생활의 수단이어야 할 돈이 그렇게 목적이 되어 버렸다.

그런 사회에서 무엇보다 큰 문제는 가난한 집 아이들이 교육을 통해 좋은 일자리를 얻고, 그 힘으로 가난에서 벗어나기가 갈수록 힘들어지고 있다는 데 있다. 부모가 경제적 능력, 문화적 자산을 갖지 못한 경우 자식을 좋은 대학에 보내기가 갈수록 어려워지고, 학벌에 따른 임금 격차도 좀처럼 좁혀지지 않는다.

가난이 무능과 완전히 동의어가 된 사회, 가난에서 빠져나오기 어려운 사회에서 가난한 아이들은 옹색하다. 부모를 부정하고 미래를 꿈꿀 힘을 무장해제 당한다. 가난을 부정하며, 가볍고 순간적인 소비의 권능 속에 자신을 내맡긴다.

가난한 아이들이 가난한 사람을 '가난하게' 만드는 사회의 문제점을 꿰뚫어 보고, 그 힘으로 가족과 자신을 긍정할 수 있게 하려면 어떻게 해야 할까.

가난을 경험해 보지 못한 아이들이 가난을 손가락질하지 않고, 가난한 사람의 고통을 공감하면서 보듬을 수 있는 어른으로 자라게 하려면 책으로 무엇을 할 수 있을까.

:: 이럴 땐 이런 책

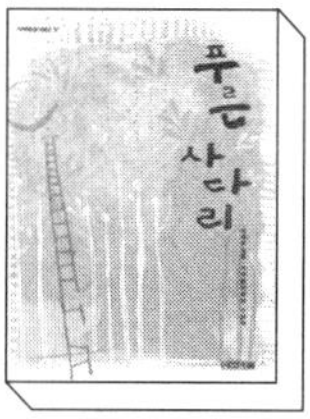

『푸른 사다리』

이옥수 지음, 사계절

매달 급식비 미납자 명단이나 분기별 수업료 미납자 명단을 받을 때마다 마음 한구석에 칼바람이 스친다. 언제나 미납자 명단 한 자리를 차지하고 있는 그 아이에게 또 어떻게 말을 꺼내야 하나 싶어 이런저런 궁리를 해본다. 돈 나올 구석이라고는 조금도 없는 아이 부모에게 말해야 하나, 장학금을 신청하고 싶은데 성적은 형편없고……. 이러나저러나 아이는 상처 입을 것이다. 가난한 부모를 원망하고, 친구네 형편과 자기 집 형편을 비교하며 괴로워할 것이고, 세상에 대한 불만으로 엇나갈지도 모른다.

이런 아이를 만나면 종종 이 책을 건넨다. 그리고 이 책의 윤제를 소개하며 욕심내어 한마디 더 건넨다.

"가난한 게 잘못은 아니잖아, 네가 해결할 수 있는 것도 아니고. 그러니 창피해하지도 절망하지도 않았으면 해, 살다 보면 지금보다 나아질 날도 있을 거야……."

책을 받은 아이 중 몇몇은 끝까지 읽어 내지 못하기도 한다. 아마 가난한 삶이 아이들을 책과 멀어지게 했을 것이다. 그러나 책을 받은 아이 중에서 끝까지 읽어 낸 아이들은 한결같이 읽기를 잘했다고 말한다. 윤제가 일탈하는 모습이 자기 자신의 모습 같아 뜨끔했다는 녀석, 윤제를 일상으로 돌아오게 한 엄마의 사랑이 부러웠다는 녀석 등 모두들 자기와 윤제를 비교하며 자신을 되돌아보게 되는 것 같다.

하지만 나는 이 책을 가난 때문에 힘들어하는 아이들보다는 가난한 삶, 소외된 삶을 외면하고 사는 대부분의 아이들, 부모님이 더 많은 것을 해주지 못해 불만인 보통의 아이들이 읽었으면 한다.

우리는 보통 가난한 사람들은 무능력하기 때문에, 가난에서 벗어나고자 하는 의지가 없기 때문에 가난할 수밖에 없다고 생각한다. 그러나 가난한 사람들은 출발선부터가 다르다. 가난 때문에 더 낮은 곳에서 삶을 시작해야 하고 한 걸음 한 걸음 올라가야 할 계단도 더 많다. 하지만 가난 때문에 계단을 성큼 성큼 올라갈 수 있는 힘이나 여유가 없다. 그래서 그들은 가난에서 벗어나기 힘들고 계단 아래서 뱅뱅 맴돌고 만다. 이 소설 속 윤제와 그 주변 사람들의 모습 역시 그러하다.

윤제 엄마가 계주에게 돈을 떼인 뒤 윤제네 식구들은 서초동 꽃마을 비닐하우스 한 칸을 빌려 고달픈 서울 생활을 시작한다. 그때부터 열세 살 윤제의 방황이 시작된다. 윤제는 막노동으로 몸과 마음이 찌든 아버지와 대립하고, 동네 불량배들과도 다투게 된다. 이런 안팎의 갈등 속에서 윤제는 물건을 훔치고, 소년분류심사원까지 가게 된다. 이 과정에서 그 누구도 윤제의 방황을 잡아 주지 않는다. 아니 그럴 여유가 없다. 윤제의 가족을 포함한 윤제 주변 가난한 이웃들은 자기 자신조차 감당할 수 없을 정도로 가난의 굴레 속에서 허우적대며 살아가고 있기 때문이다.

돌봐주는 사람 없이 쓸쓸히 죽어가는 끝네 할머니, 아파도 돈이 없어 약 한번 제대로 쓸 수 없는 대현이 할아버지, 아들의 대학 학비를 마련할 수 없어 도둑이 되어 버린 털보아저씨,

낮 동안의 노동에 지쳐 밤만 되면 서로에게 욕을 퍼부어 대는 비닐하우스촌의 부부들, 그리고 그러한 환경 속에서 희망을 잃어가는 아이들. 그들 모두가 사회에서 소외된 사람들이다.

이 책을 읽은 아이들은 윤제의 상황을 보며 스스로에게 이런 질문을 던져 볼지도 모른다. 만약 내가 윤제처럼 어찌해 볼 수 없는 팍팍한 삶의 한가운데 놓여 있다면 어땠을까? 비닐하우스촌과 학교를 오가며 만나는 형들이 도둑질하는 데 망을 보라고 위협하면 쉽게 뿌리칠 수 있을까? 비닐하우스촌에서 살고 있다는 것이 반 친구들에게 알려진다면 얼마나 창피할까? 집이 철거되기 일보 직전이고, 갈 곳도 없다면 악다구니를 쓰며 몸싸움을 하지는 않을까? 이런 생각들을 하며 책장을 넘겨본다면 가난의 수렁이 얼마나 깊고 견고한 것인지를 느낄 수 있을 것이다.

윤제와 그 주변 사람들을 이해하는 마음이 조금이라도 생겼다면, 시험을 못 봐서 슬프고, 엄마가 내 마음을 몰라 줘서 불행하다고 생각하는 지금 이 순간, 내 옆의 어떤 친구는 찬바람을 막아 줄 방 한 칸이 없어서 울고, 밀린 급식비나 수업료 때문에 얼굴을 붉힐지도 모른다는 것을 한번쯤은 생각해 보았으면 한다.

반면 가난 때문에 자신을 벼랑 끝으로 몰고 가고 있다면 윤제처럼 삶에서 넘어야 할 산 하나를 다른 친구들보다 먼저 만난 거라고 생각하면 어떨까? 이래도, 저래도 우리는 살아야 한다. 혼자만의 꿈, 더불어 사는 우리 모두의 꿈을 위해서 말이다.

『나는 죽지 않겠다』

공선옥 지음, 창비

중학교 아이들은 자기 집이 가난하다는 걸 창피하게 생각하고 슬퍼한다. 그런데 고등학교 아이들은 자기 집이 가난하다는 걸 짜증스러워하고 외면하기까지 한다. 이것은 별 차이가 아닌 것 같지만 사실 큰 차이이다. 자신의 존재를 슬퍼하는 것도 상처가 되지만, 자신의 존재 자체를 부정하려는 것은 계속해서 더 큰 상처를 만들어 내기 때문이다.

가난을 부모가 떨쳐 내 줄 수 없다는 것을 아는 아이들은 고스란히 가난을 받아들일 수밖에 없다. 그리고 그런 과정에서 상처를 받기도 한다. 바로 이 책에 소개된 단편 「라면은 멋있다」나 「힘센 봉숭아」의 민수처럼 말이다.

「라면은 멋있다」에서 민수는 자신이 지지리 가난해서 여자 친구 진희가 떠났다고 생각한다. 그래서 새로 사귄 가난한 연주에게는 부잣집의 평범한 아이처럼 보이려고 애쓴다. 하지만 민수네 아빠는 트럭에 싸구려 옷가지를 싣고 다니며 파는 노점 상인이고, 엄마는 '소문난 갈비집'에서 기름이 덕지덕지 붙은 불판을 하루 종일 닦아야 하는 주방아줌마다. 게다가 지금 민수네 집은 공부 잘하는 누나가 대학에 가게 되어 등록금 마련을 위해 초비상이라 민수가 데이트 비용을 달라고 손을 내밀면 한 대 맞을 게 뻔하다.

그래서 민수는 부자지만 분식집에서 '라면'을 먹고, '그냥 걸으며 이야기'하는 것을 좋아하는 감성 풍부한 남자 친구가 되어 버렸다. 민수는 연주에게 '부자이지만 잘난 척하지 않는 멋진' 남자 친구가 되어 있는 줄 알았다. 하지만 사려 깊고 마음 따뜻한 연주는 민수가 착하고 가난한 아이라는 것을 벌써부터 알고 있다.

그러다 연주의 낡은 스웨터를 대신할 빨간 코트를 사기 위해 민수는 편의점 아르바이트를 시작해서 가불을 하게 된다. 하지만 연주와 함께 코트를 사러 가던 중 길거리에서 옷가지를 파는 아빠를 만나 어쩔 줄 몰라 한다. 가난이 들통 나 부끄럽기만 한 민수에게 연주는 쇼윈도에 걸린 빨간 코트를 보며 이미 산 것이나 다름없다며 환하게 미소 짓는다.

「라면은 멋있다」의 연작이라고 할 수 있는 「힘센 봉숭아」에서 민수는 아르바이트를 생활의 일부로 만들었다. 하지만 돈을 벌려고 나선 청소년에게 세상은 호락호락하지 않다. 편의점 주인아저씨는 날짜 지난 삼각 김밥을 간식으로 내놓고, 떡볶이집 아줌마는 장사가 잘되지 않는다는 이유로 많지도 않은 민수의 월급을 계속 미룬다. 급기야 민수는 화가 나서 떡볶이집 아줌마가 키우는 봉숭아 화분을 걷어차고 나와 버린다.

민수 엄마는 장사를 못 나가게 된 아빠를 대신해서 갈비집 불판 닦는 일을 그만두고 노조를 인정하지 않는 공장에 비정규직으로 취직한다. 팍팍한 민수네 가족과 주변 사람들의 삶은 쓰러져 깨진 봉숭아 화분 같다. 하지만 화분이 깨져 뒹굴어도 여전히 살아 있는 '힘센 봉숭아'처럼 심지가 강한 민수와 주변 인물들은 삶을 씩씩하게 꾸려갈 것이다.

학교 독서토론부에서 이 책을 읽고 이야기를 나눈 적이 있다. 그때 아이들이 민수에 대해서 하나같이 입을 모아 한 말이 있다.

"우울하고 불쌍하기도 한데 뭔가 모를 생명력이 느껴진다."

"처음에는 참 못난 것 같았는데 끝까지 보면 멋있는 부분이 있다."

"자기의 처지를 부정하기보다는 어떻게든 더 나아지려고 노력하는 모습이 좋다."

"어렵게 살아가지만 꿋꿋함을 잃지 않고 씩씩한 게 멋지다."

아이들은 민수가 처한 현실을 이해하면서 동시에 민수가 지닌 마음의 힘을 놓치지 않는다. 만나서 라면을 먹고, 자판기 커피를 뽑아 공원 벤치에서 이야기를 나누는 이 어린 커플이 멋있어 보이는 것은 자신의 상황을 긍정하는 힘을 가지고 있기 때문이 아닐까. 부모의 가난 때문에 어쩔 수 없이 찌들어 가는 아이보다는 부모의 상황을 받아들이고 거기에서 '나는 어떻게 할 것인가'로 출발하는 아이, 그렇게 현실을 직시할 수 있는 용기 있는 아이가 예쁘고 멋지다는 것을 아이들도 안다.

• 함께 보면 좋은 영상

「1번가의 기적」 윤제균 감독, 2007
: 철거 위기에서도 마을을 지키며 희망을 만들어 가는 사람들의 이야기.

「고양이를 부탁해」 정재은 감독, 2001
: 실업계를 졸업한 친구들은 칼바람 속에서도 꿈을 꾸고, 서로를 위로하며 절망을 이겨낸다.

• 함께 보면 좋은 책

『덤벼라, 빈곤』 유아사 마코토 지음, 김은진 옮김, 찰리북
: 빈곤이 개인만의 책임일까? 빈곤 문제를 꿰뚫어 보고 거기에 맞설 수 있는 지혜를 생각해 본다.

『유랑가족』 공선옥 지음, 실천문학사
: 생존을 위해 도시에서 시골로, 다시 시골에서 도시를 떠도는 가난한 사람들의 고단하지만 생명력 넘치는 삶.

10

직업

: : 이런 아이 저런 모습

"내게도 꿈이 있습니다."

건호는 수업 시간에 교과서도 제대로 펴지 않고 옆 자리 친구와 농담이나 슬슬 주고받기를 좋아해, 나태해 보이는 아이였다. 그러던 건호가 '내 삶의 주제 찾기' 수업에 흥미를 보였다. 그 수업은 자신이 좋아하는 일, 잘할 수 있는 일, 흥미와 능력을 바탕으로 선택할 수 있는 직업을 발견하고 관련 정보를 스스로 찾아보는 수업이었다.

건호는 포기한 꿈이었던 디자이너를 자신이 얼마나 하고 싶었는지를 새삼 깨닫고, 관련 정보도 적극적으로 찾으려고 노력하였다. 각 분야의 디자이너를 인터뷰하면서 그 직업에 대한 생생한 정보를 담은 책인 『디자이너가 말하는 디자이너』(오준식 외 지음, 부키)를 세 번이나 읽었다고 했다.

"선생님, 이 책 짱이에요. 전 꼭 디자이너가 될 거예요."

건호는 빽빽하게 수행평가지를 작성해서 제일 먼저 내며 나를 향해 엄지손가락을 세워 보였다.

: : 아이 마음속으로 들어가면

직업, 나는 무엇을 잘할 수 있는 사람일까?

어른들에게 직업이란 무엇일까. 물론 생계를 유지하는 수단이다. 일을 하여 돈을 벌고, 그 돈으로 자신과 가족의 생계를 이어간다. 그런데 자세히 살펴보면 이러한 의미만 있는 것이 아니다. 직업은 어른들에게 아주 중요한 소일거리기도 하다. 어른들은 하루 중 대부분의 시간을 직장에서 보내고, 나머지 시간도 직장에 나가기 위해 준비하거나 직장에서 돌아와 휴식을 취하는 데 사용한다. 만약 직업이 없다면 생계를 유지하기 어려울 뿐만이 아니라 '심심해서' 살 수 없었을 것이다.

직업은 어른들을 사회와 연결해 주는 끈이기도 하다. 직업을 통해서 어른들은 세상과 만나고, 세상 속에서 일정한 역할을 수행하며, 사회 속에서의 자신의 가치를 확인한다.

직업이 어른들의 삶 속에서 이렇게 다양한 의미를 가지고 있기 때문에 흔히 직업을 가리켜 인간의 '자아실현'의 수단이라고 말한다.

그렇다면 아이들에게 직업이란 무엇일까. 아이들에게 직업은 '엔진'이다. 미래에 하고픈 일이 있다는 것은 아이들로 하여금 배움에 눈을 돌리게 만든다. 아이들에게 직업은 장차 성인이 되어 들어가야 할 세계의 '입구'이기 때문에, 그 입구로 들어갈 열쇠를 찾아야겠다고 생각하는 아이들은 살아 움직인다. 자신의 삶과 주변의 자극에 흥미를 보이고 적극적으로 탐색하며 열심히 공부한다. 이렇게 직업의식, 진로의식은 아이들 삶에 '엔진'을 달아 준다.

농경시대의 청소년은 이미 어른으로 대접받았다. 커서 자신이 무엇이 될 것인가를 고민할 필요도, 선택할 필요도 없었기 때문에 몸이 자라면 농사일을 할 수 있는 어른이 되어 가정을 꾸렸다.

그러나 현대 사회의 청소년은 선택할 수 있는 자유를 갖고 있다. 이것은 무한한 가능성과 동시에 무한한 불안을 가져다준다. 청소년에게 세상은 너무나 거대하고 미래는 불확실하게 느껴지기 때문이다. 또한 실제로 세상에 나가기 위해 준비해야 할 것, 알고 익혀야 할 것이 점점 많아지고 있기도 하다.

자신이 좋아하는 일이 무엇일까, 적성은 무엇일까, 자신만의 재능은 무엇일까, 청소년이 자신에게 이런 질문을 던지며 스스로 적극적으로 탐색하게 하는 데 책이 도움을 줄 수 있을까. 청소년이 꿈과 미래에 대한 호기심을 되찾게 하려면 무슨 이야기를 나누고 어떤 책을 소개해 주면 좋을까.

: : 이럴 땐 이런 책

『열네 살의 인턴십』

마리 오드 뮈라이유 지음, 김주열 옮김, 바람의아이들

민호는 자신의 감정을 조절하지 못해 친구들과 싸움을 자주 하고, 그로 인해 부모님과도 자주 다투던 아이였다. 키도 훤칠하고 얼굴도 잘생겨서 아이들에게 인기는 많았지만, 어딘가 모르게 항상 위태위태했다. 함께 이야기하던 중 민호는 "하고 싶은 건 많은 것 같은데 뭘 해야 될지 모르겠고, 자신에게 진심으로 관심을 가져주는 사람이 없는 것 같다."라는 불만 섞인 말을 내뱉었다.

또한 희연이는 학급 임원을 할 정도로 추진력도 있고 공부도 잘해 소위 모범생이라 불리는 아이였다. 그런 희연이가 생활기록부 작성을 위해 희망 진로를 적어 내라고 했을 때, '정말 못 쓰겠어요. 죄송해요, 선생님.' 이 말만 덩그러니 적어 내었다.

학교생활을 잘하든 못하든 우리 아이들에게 자신의 미래는 이렇게 안개에 가려져 있을 때가 많다. 이 책의 주인공 루이도 그렇다. 공부에는 도통 관심이 없는 데다 부모님 눈치만 보고 어떤 일에도 의욕을 보이지 않는다.

그러다 루이는 할머니의 추천으로 미용실 인턴으로 일하게 되고, 그것을 계기로 미용사의 꿈을 키운다. 하지만 유명한 외과의사인 아버지의 눈에는 이런 아들의 꼴이 마음에 들 리 없어 갈등의 골은 깊어져만 간다.

미용실에서 지낼수록 루이는 '이른 아침부터 빛이 퍼져 나오는 미용실, 출입문의 차임벨 소리, 계산대의 금고 여닫는 소리, 미용실의 여러 냄새들'을 사랑하게 된다. 그리고 그 모든 것이 루이를 살아 있는 아이로 바꾸어 놓는다. 엄마의 걱정도 아빠의 분노도 무릅쓸 만큼 하고 싶은 일을 찾은 것이다.

하지만 루이 아버지는 루이의 꿈을 쉽게 받아들이지 못한다. 직업이 갖는 가치의 중요성은 인정하면서도 경제적 만족도, 사회적 인지도 및 영향력을 고려했을 때 미용사 아들은 격에 어울리지 않는다고 생각한 것이다. 자기 자식이 세상에 자랑할 만한 직업을 갖기 바라는 부모님과 흥미나 학업성적이 그에 미치지 못하는 아이의 갈등은 우리의 현주소를 보는 듯해 먼 나라 이야기로만 느껴지지 않는다.

루이가 미용사라는 꿈을 얻기까지 인턴십이라는 계기가 있었듯, 민호와 희연에게도 꿈을 찾기 위해 어떤 계기가 필요하다. 이러한 계기는 사람의 생김이 모두 다른 것처럼 인간의 능력과 선호도가 가지각색이기 때문에 서로 다른 모양의 퍼즐을 제자리에 맞추듯 이리 돌려 보고, 저리 돌려 보며 자신에 대해 생각해 보는 시간을 충분히 가져야 얻을 수 있다.

하지만 아이들이 자신을 충분히 돌아볼 만한 시간적 여유를 갖기 힘든 것이 현실이라 '하고 싶은 일'을 분명히 알기엔 사실상 매우 어렵다. 이때 도움이 될 수 있는 방법이 '단어 하나로 나의 직업 찾기'다. 한 단어에서 출발해 마인드맵을 그리는 과정과 비슷하다. 이 방법은 우리 주변에 굉장히 많은 직업이 존재한다는 것을 아는 데도 도움이 된다.

진로 문제로 고민하는 민호에게 이 방법으로 질문을 해보았다.

"너는 네 직업이 어떤 단어와 관련이 많았으면 좋겠니? 좋아하는 게 있으면 더 좋고."

"체육요."

"그래? 그럼 운동하는 것을 좋아하나 보구나. 운동을 직접 하는 선수도 있고, 그 선수를 관리해 주는 사람도 있고, 선수가 아닌 일반인이 운동하는 것을 도와주거나 가르쳐 주는 사람도 있겠지. 하지만 운동선수로 나가기에는 시기가 늦은 감이 있으니, 관리나 교육 쪽으로 생각해 보는 것은 어떨까?"

잠시 침묵이 이어지다 민호가 질문을 했다.

"관리하거나 가르쳐 주는 거요?"

"그래, 경기에 참여하는 운동선수 뒤에는 코치, 감독뿐만 아니라 경기내용을 분석하고 그것을 바탕으로 조언을 해주는 경기분석가도 있고, 선수들이 부상당했을 때 응급처치를 해주는 응급처치사나 재활을 도와주는 재활전문가도 있어. 그리고 스포츠센터나 수련관(각종 기관)에는 일반인들을 대상으로 운동 코치를 해주는 사람도 있고, 가르쳐 주는 강사도 있지. 그리고 우리 학교에 있는 체육선생님처럼 될 수도 있고 말이야."

내 말을 듣고 난 뒤 민호의 얼굴이 점점 상기되고 눈빛도 달라지기 시작했다. 그리고 그 아이에게 꿈이 생겼다. 아니 명확해진 것이다. 그 아이의 꿈은 바로 체육교사가 되는 것이었다. 체육교사가 되려면 체육만 잘해서 되는 것이 아니라 공부도 잘해서 '체육교육과'에 진학해야 된다고 알려 줬더니, 중학교 3

학년 말이었지만 열심히 공부하려는 모습이 보였다. 그 후 종종 통화를 하면 고등학교에 진학해서 성적이 굉장히 많이 올랐다며 너스레를 떨기도 했다. 민호는 교사와의 짧은 대화를 통해 흩어져 있던 꿈을 한곳으로 모을 수 있었다.

그런데 아이들과 진로 문제를 이야기하다 보면 텔레비전에서 보는 화려한 직업을 본보기로 삼고 막연하게 그런 일을 해보면 어떨까 하는 식으로 접근하는 경우가 많아 문제가 된다. 사실 텔레비전에 자주 나오는 화려한 직업들도 그 이면에는 힘든 부분들이 많이 존재한다. 그리고 무엇보다 미디어 속에서 다뤄지는 직업들은 그 수가 제한되어 있기 때문에, 눈을 더 넓은 곳으로 돌려 우리 일상 속에서 다양한 직업들을 탐색해 볼 필요가 있다.

「생활의 달인」이라는 프로그램을 보면 정말 다양한 직업을 가지고 자신의 삶을 만족스럽게 살아가는 사람들이 나온다. 음식을 만드는 요리사부터 물건을 배달하는 사람까지 어떻게 보면 주목받지 못하는 직업이 대부분이지만, 그 일에 자부심을 갖고 최선을 다했기에 숙달된 경지에 올라 '달인'이라고까지 불린다. 그런 달인들의 모습에는 자신의 일과 삶에 대한 만족감이 녹아 있다.

이 책의 루이나 텔레비전에 나온 달인들이 그랬듯, 직업을 선택할 때 가장 중요한 것은 그 어떤 외적인 요인보다는 자신의 생각일 것이다. 물론 다른 사람들의 생각도 무시할 수 없겠지만, 가장 중요한 것은 '자신이 무엇을 잘하고, 무엇을 즐겁게 할 수 있을까.' 하는 것이다.

그런 직업을 찾기 위해서는 앞에서도 말했듯, 무엇보다 자신에 대해서 잘 알아야 한다. 민호나 희연이처럼 뭘 해야 할지, 뭘 잘할지 알 수 없어서 고민인 아이들이 있다면, 이 책의 루이처럼 용기를 내어 자신을 돌아볼 수 있게 격려해 주면 어떨까. 아이들은 약간의 도움과 어떤 계기만 주어진다면 의외로 쉽게 가슴을 뛰게 하는 자신만의 꿈을 찾을지도 모른다.

『달걀과 밀가루 그리고 마들렌』

이시이 무쓰미 지음, 고향옥 옮김, 우리교육

빵집에 내다 팔아도 손색이 없을 정도로 맛도 모양도 좋은 마들렌을 만들어 주는 엄마, 그렇게 자랑스럽기만 했던 엄마가 갑자기 요리사가 되기 위해 프랑스 유학을 꿈꾼다면 어떨까. 이 책은 언뜻 무모해 보일지도 모르는 엄마의 프랑스 유학행에 대한 가족 간의 갈등과 해결을 통해 '꿈'과 '직업'에 대해 다시 생각해 보게 하는 작품이다.

특별한 재능이 있었던 것도 아니고, 그러다 보니 당연한 듯 학교를 졸업하고, 전공과는 상관없는 곳에 취직을 하고, 결혼 후 다니던 직장을 그만두고 전업주부로 살아가고 있는 나호 엄마의 모습은 우리 시대 많은 엄마들의 모습일지도 모른다. 그런 나호 엄마의 삶에 생명을 불어 넣은 것은 다름 아닌 나호였다. "엄마는 나중에 커서 뭐가 될 거야?"라는 나호의 질문은 벌써 옛날에 포기했던 '무엇인가가 되겠다는 것'에 대한 진지한 물음이었던 것이다.

우리는 이십대에 직업을 결정해야 한다고 당연한 듯 생각하지만, 사실 직업은 생각에 따라 노력만 하면 언제든 바뀔 수 있다. 나호 엄마처럼 엄마 나이가 되어서도 진지하게 고민해 볼 수 있고, 또 그런 고민 후에 마음만 먹으면 바꿀 수 있는 것이다. 나호 엄마의 이야기는 우리 아이들에게 '정말 하고 싶은 일'에 대한 갈망이 사람을 변하게 할 수도 있게 한다는 것을 일깨워 준다.

나호 엄마가 부모님 세대의 이야기라 깊이 와 닿지 않는다면, 『빌리 엘리어트』(멜빈 버지스·리 홀 지음, 정해영 옮김, 프로메테우스)로 대신하여 아이들과 만나는 것도 좋다. 이 책은 발레리노를 꿈꾸는 탄광촌 소년 빌리의 이야기를 그리고 있다.

광부로 일하는 빌리의 아버지는 전형적인 사내로 빌리의 꿈을 이해하지 못하고, 발레는 계집애들이나 배우는 거라며 권투를 하라고 한다. 하지만 빌리는 발레에 대한 열정을 멈출 수가 없다. 결국 성탄절 날, 체육관에서 신들린 사람처럼 열정적으로 춤을 추는 빌리를 발견한 아버지는 빌리의 꿈을 인정하게 된다. 그리고 광산에서 시위를 벌이는 동료노동자들에게 배신자라는 소리를 듣는 희생을 감수하며 아들이 꿈을 향해 나아갈 수 있도록 도와준다.

빌리는 아버지와 주위 사람들의 도움으로 드디어 꿈에 그리던 런던 발레학교에 입학 오디션을 보러 가게 된다. 그곳으로 향하면서 빌리는 긴장과 설렘을 느끼고 자신감으로 두 주먹을 불끈 쥐기도 하며 이 세상 누구보다 행복해한다. 빌리의 이러한 마음은 프랑스 유학을 준비하는 나호 엄마의 마음과 같지 않을까.

나호 엄마는 잊고 있었던 자신의 꿈을 일깨우며 이런 생각을 한다.

'엄마는 집안일 중에서 요리하는 걸 제일 좋아했고, 가족에게 맛있는 음식을 먹이고 싶다는 동기에서 시작했지만, 막상 시작하니까 좀 더 열심히, 좀 더 열심히 하고 싶어지더구나. 비웃지 않았으면 좋겠어. 엄만 요리사가 되고 싶어.'(76쪽)

아이들이 이 책을 읽고 '내가 잘하는 것은? 내가 가장 행복할 때는? 나에게 두 주먹을 불끈 쥐게 하는 것은 무엇일까? 나 자신을 변하게 하는 것은 무엇일까?'와 같은 생각을 스스로 해 본다면 그것만으로도 자신의 미래를 향한 좋은 첫 걸음이 될 것이다.

- 함께 보면 좋은 영상

「루키」 존 리 행콕 감독, 2002
: 메이저리그에 도전하는 고등학교 야구감독 짐 모리스와 그 제자들의 꿈 이야기.

「옥토버 스카이」 조 존스턴 감독, 1999
: 주변의 비웃음을 뒤로 하고 로켓 발사의 꿈을 이루려는 호머의 집념과 도전.

사이버진로교육센터에서 제작한 직업동영상 「내일을 JOB아라」
: 중고생을 위한 직업동영상으로, 다양한 직업을 선정해 해당 직업 현장의 모습 및 관련 사람들의 인터뷰를 담았다.

- 함께 보면 좋은 책

『한 권으로 보는 그림 직업 백과』 조은주·유수정 지음, 진선아이
: 우리 사회에 있는 300여 개의 직업을 분야별, 흥미별로 자세히 소개한 직업 정보서.

4부

한 걸음 더

- 10대 성장 주제에 관한 청소년 자가 진단 질문지
- 책읽기 자기읽기

10대 성장 주제에 관한 청소년 자가 진단 질문지

안 내

다음 문장에는 뒷부분이 빠져 있습니다. 각 문장을 읽으면서 맨 먼저 떠오르는 생각으로 뒷부분을 이어 문장을 완성하면 됩니다. 시간 제한은 없으나 가능한 한 신속히 하도록 합니다.

1. 몸

거울을 볼 때면 나는 ....

미남 미녀들은 ....

나의 외모는 ....

나의 신체 콤플렉스는 ....

성형수술은 ....

2. 마음

사람들이 나를 피할 때 ....

나는 ....

내가 정말 행복하려면 ....

다른 사람들과 함께 있는 것은 ....

나의 좋은 점은 ....

신경질이 날 때는 ....

어떻게 해서든 잊고 싶은 것은 ....

나에게 가장 문제 되는 것은 ....

나를 괴롭히는 것은 ....

내가 가장 바라는 것은 ....

내가 어렸을 때 ....

내가 양심의 가책을 느끼는 일은 ....

다시 어려진다면 ....

원하던 일이 잘 안되었을 때 ....

나에게 이상한 일이 생겼을 때 ....

내가 늙으면 ....

나의 재능은 ....

내가 가장 바라는 것은 ....

3. 동경

될(할) 수만 있다면 나는 ....

열정, 이상, 용기 하면 떠오르는 사람은 ....

내가 가장 동경하는 것은 ....

내가 존경하는 인물은 ....

열정적인 사람들은 ....

가슴 뜨겁게 이상을 추구하는 사람은 ....

4. 부모

우리 어머니는 ....

우리 아버지는 ....

아버지와 나는 ....

어머니와 나는 ....

다른 가정과 비교해서 우리 집안은 ....

내 생각에 가끔 아버지는 ....

좋은 어머니는 ....

대개 아버지들이란 ....

어머니가 때릴 때는 ....

5. 친구

나는 친구들과 ....

내가 없을 때 친구들은 ....

다른 사람들과 함께 있는 것은 ....

내 생각에 참다운 친구란 ....

최고의 친구는 ....

6. 사랑

성에 대해 이야기하면 ....

임산부를 보면 ....

아내는(혹은 남편은) ....

완벽한 남성이란 ....

완벽한 여성이란 ....

내 생각에 남자들이란 ....

내 생각에 여자들이란 ....

결혼생활에 대하여 나는 ....

남자에 대해서 무엇보다 좋지 않게 생각하는 것은 ....

여자에 대해서 무엇보다 좋지 않게 생각하는 것은 ....

이성 친구와 함께 있을 때는 ....

남자들은 여자에 대해 ....

7. 상실

누군가를 다시 볼 수 없다는 것은 ....

내가 가장 가슴 아프게 떠나보낸 사람은 ....

그 사람을 생각할 때면 ....

가능하다면, 내가 꼭 다시 만나고 싶은 사람은 ....

8. 스승

학교는 ....

선생님이 오시면 나는 ....

내가 존경하는 선생님은 ....

가장 기억에 남는 선생님을 생각할 때면 ....

9. 가난

가난은 한 마디로 ....

나는 가난 ....

10. 직업

나의 뛰어난 점은 ....

나는 어른이 되면 ....

나의 능력은 ....

내가 정말 행복하려면 ....

직업이란 ....

내가 갖고 싶은 직업은 ....

책읽기 자기읽기

'책읽기 자기읽기'에는 이 책에 소개된 추천도서들을 읽고 난 뒤, 청소년들이 생각해 볼 수 있는 여러 가지 질문과 해볼 만한 활동거리들을 담았습니다. 청소년과 더 다양하고 깊이 있게 이야기를 나누고 싶은 교사와 학부모라면 한번 활용해 보세요.

책읽기 자기읽기 ①

뚱보, 내 인생

1. 다른 사람의 말 때문에 상처받은 적이 있나요? 그런 적이 있다면 그때를 생각하며 다음 활동을 해보세요.

1-1. 나에게 상처를 주었던 말 Best 3를 적어 보세요.

1위 ....

2위 ....

3위 ....

1-2. Best 3 중 외모와 관련된 말이 있나요? 외모가 '나'에게 얼마나 영향을 미친다고 생각하는지 적어 보세요.

외모는 나에게 ....

....

....

....

2. 다음 글은 르네상스 시대의 미인과 현대 미인의 기준을 설명한 글입니다. 글을 읽고 아래 활동을 해보세요.

세 가지 하얀 것, 피부, 치아, 손
세 가지 검은 것, 눈, 속눈썹, 눈썹
세 가지 빨간 것, 입술, 뺨, 손톱
세 가지 긴 것, 몸통, 머리카락, 손가락
세 가지 짧은 것, 치아, 귀, 발
세 가지 가는 것, 입, 허리, 발볼
세 가지 굵은 것, 팔뚝, 허벅지, 다리
세 가지 작은 것, 젖꼭지, 코, 머리

–프랑스의 저명한 역사학자 알랭 드코가 쓴 르네상스 시대 '미의 기준' 중에서

현대 여성은 얼굴만 예뻐서도 안 되고 전체적인 몸매와 신체 구석구석이 매력적이어야 한다. S라인, V라인, Y라인 등 신체 부위별로 가이드가 제시되고 가장 아름답다는 사이즈를 위해 가슴에 실리콘을 넣고 얼굴 턱뼈를 깎으며 복부의 지방을 흡입해낸다. 몸의 구석구석을 아름답게 꾸미기 위해서는 더욱 디테일한 노력이 필요하다. 인조 속눈썹을 붙이는 시술을 한 달에 한번 꼬박꼬박 받고, 도톰한 입술을 위해 보톡스를 맞으며 하얗고 정갈한 손톱을 위해 네일아트 숍을 찾는다. 여자들은 자기 몸을 관통하는 사회적 시선을 의식하고 그 시선에 만족스럽지 않은 자신의 몸을 변형시키느라 뼛골이 쑤신다.

– '김태희가 혁명가면 인민 봉기! 송혜교가 범죄자면…'
「프레시안」, 2011년 2월 11일

2-1. 르네상스 시대의 미인과 현대 미인의 기준이 각각 어떻게 다른지 생각해 보세요.

르네상스 미인의 기준

현대 미인의 기준

3. 앞으로 몇 백 년 후인 미래 시대에는 어떤 사람이 미인으로 불릴까요? 모둠에서 미래 미인의 기준을 모둠원마다 세 개씩 정해 본 뒤, 모둠원의 수만큼 추려 보세요. 그리고 그 기준에 가장 맞는다고 생각되는 사람의 사진을 잡지에서 찾아서 오려 붙여 보세요.

책읽기 자기읽기 ②

열일곱 살의 털

1. '내가 원하는 나의 모습'과 '어른들이 바라는 나의 모습'을 그려 보세요.

내가 원하는 나의 모습

어른들이 바라는 나의 모습

2. 1번에서 그린 두 그림 사이에 차이가 있나요? 있다면 왜 이러한 차이가 생기는지 생각해 보고, 그 이유를 아래에 써보세요.

3. 일호의 입장이 되어, 내면에 일어난 변화와 성장을 솔직한 마음으로 일기에 담아 보세요.

책읽기 자기읽기 ③

유진과 유진

1. TV 프로그램 중 '롤러코스터–남녀 탐구 생활'을 본 적이 있나요? 『유진과 유진』을 재미있게 읽었다면, '작은유진–큰유진 탐구 생활'을 상상하며 다음 활동을 해봅시다.

1–1. 주어진 장면 속에 드러난 작은유진의 마음을 들여다보며, 작은유진의 마음을 잘 보여 줄 수 있는 부분을 책 속에서 찾아 '작은유진 탐구 생활' 편을 완성해 보세요.

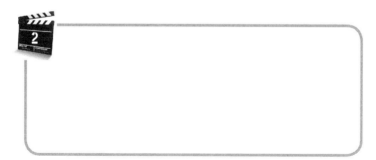

다음 날, 난 그 일을 아무한테도 말하지 않았다. 자존심 때문이기도 했지만 그보다는 누군가 날 도와줄 거란 생각이 들지 않았기 때문이었다. 내가 말해 보았자, '네 잘못이야'라는 대답을 듣게 될 것 같았다. 왜 그런 생각을 하게 됐는지는 모르겠지만 전부터 그랬다. 초등학교, 아니 더 전인 것 같다. 그때부터 내 편은 어디에도 없다고 생각했던 것 같다. 나를 지키는 방법은, 엘리베이터의 괴물처럼 더 강력한 것을 상상하거나, 공부 잘하는 것뿐이었다.

3 나는 온몸이 흠뻑 젖고 뼈가 녹아내리는 기분이 들 정도로 춤에 빠져들었다. 내게 어떤 일이 일어나고 있는지 눈치채지 못하고 있는 어른들에 대한 반항인지도 모른다. 내가 좋아서 하는 일이 그들에게는 반항으로 느껴질 수 있다는 게 더욱 짜릿하다. 깊이 빠지면 빠질수록, 즐거움을 느끼면 느낄수록 그들에게 치명타가 될 것 같아 나는 춤에 몰입한다. 나를 춤 속에 버린다.

1-2. 1-1과 마찬가지로 주어진 장면 속에 드러난 큰유진의 마음을 들여다보며, 큰유진의 마음을 잘 보여 줄 수 있는 부분을 책 속에서 찾아 '큰유진 탐구 생활' 편을 완성해 보세요.

1 선생님의 제안에 아이들이 '우' 함성을 지르며 박수를 쳤다. 똑같은 박수가 누구에겐 축하의 의미이고, 또 누구에게는 분발하라는 의미라니. 나는 성까지 같은 두 유진이를 한 반에 배치한 학교 측의 무성의를 당장 고발하고 싶었다. 이름만 아니었다면 중간고사는 213등으로 1학년 때보다 조금 오른 덕분에 칭찬으로 끝날 일이었다.

2

어떻게 대리점에서 나왔는지 모르겠다. 그래, 백 번 양보해서 착각한 내가 잘못이었다고 치자. 아빠가 내 걸 사 준다고 한 적은 없으니까 말이다. 하지만 어떻게 나를 데리고 갈 생각을 할 수가 있단 말인가. 내가 얼마나 핸드폰을 간절히 원하는지 안다면 사 주지도 않을 거면서 날 대리점에 데리고 가는 일이 상처가 될 거라는 것도 알았어야 했다. 아빠는 내 방 출입금지 대상 3호가 되었다. 네 식구 중 나를 뺀 세 명이 내 방 출입금지 대상자가 되었다. 이 정도면 내가 집을 나가야 하는 거 아닌가? 나는 정말이지 이 집을 나가고 싶다.

1-3. 1-1, 1-2를 바탕으로 실제 '작은유진-큰유진 탐구 생활'을 촬영하기 위한 시나리오를 써 보세요. 이때, 유진이들의 마음속에서 내 마음과 꼭 같은 마음이 보이는 장면을 선택하면 더욱 좋습니다.

책읽기 자기읽기 ④

목요일, 사이프러스에서

1. 책 속에서 선주, 태정, 새롬의 마음을 가장 잘 나타낸 문장 BEST 3를 찾아 써보세요.

선주

1위 ....

....

2위 ....

....

3위 ....

....

태정

1위 ....

....

2위 ....

....

3위 ....

....

새롬

1위 ....

....

2위 ....

....

3위 ....

....

2. 세 아이들 중 꼭 해주고 싶은 말이 있는 친구에게 마음을 담아 편지를 써보세요.

__________에게

3. 내 주위 가까운 친구 중에 '왕고민녀(왕고민남)'이 있다면 소개해 보세요.

3-1. 아래에 '왕고민녀(왕고민남)'의 고민을 적어 보세요.

3-2. 여러분이 '하빈이'가 되어 '왕고민녀(왕고민남)'의 고민을 상담해 주세요.

책읽기 자기읽기 ⑤

마당을 나온 암탉

1. 다음 두 화살표에 있는 빈칸을 각각 채워 보세요.

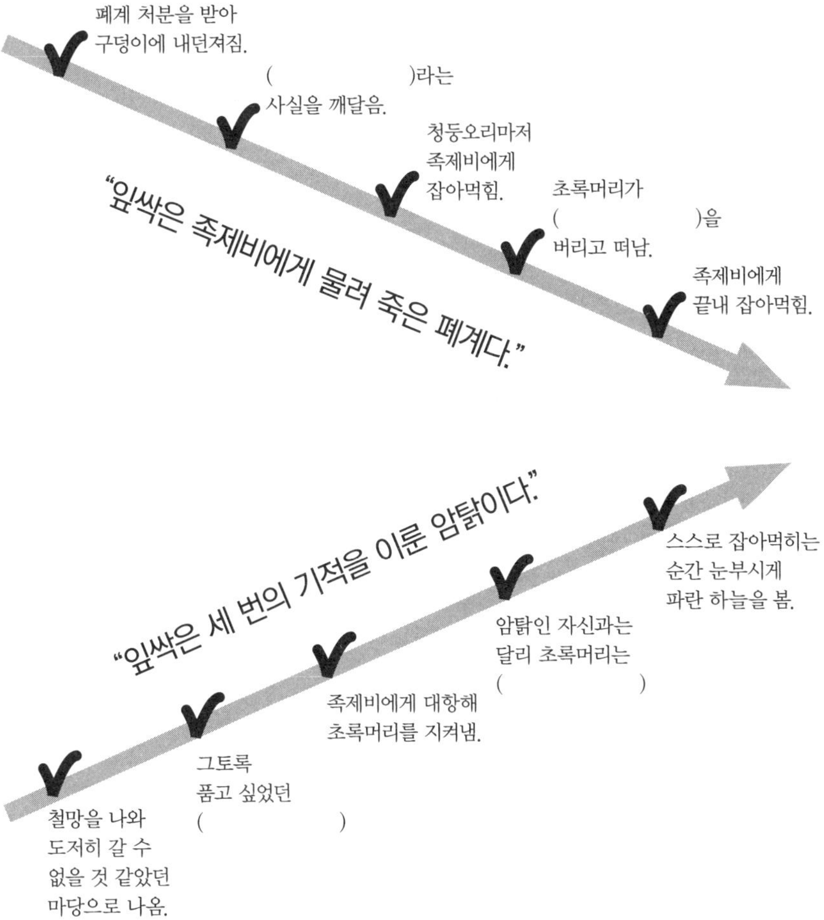

폐계 처분을 받아 구덩이에 내던져짐.
(　　　　　　)라는 사실을 깨달음.
청둥오리마저 족제비에게 잡아먹힘.
초록머리가 (　　　　　　)을 버리고 떠남.
족제비에게 끝내 잡아먹힘.
"잎싹은 족제비에게 물려 죽은 폐계다."
"잎싹은 세 번의 기적을 이룬 암탉이다."
철망을 나와 도저히 갈 수 없을 것 같았던 마당으로 나옴.
그토록 품고 싶었던 (　　　　　　)
족제비에게 대항해 초록머리를 지켜냄.
암탉인 자신과는 달리 초록머리는 (　　　　　　)
스스로 잡아먹히는 순간 눈부시게 파란 하늘을 봄.

2. 잎싹과 함께 철망에 갇혀 있던 양계장 닭은 잎싹에게 "집 나가니까 좋던? 너는 알도 못 낳는 폐계로 살다가 족제비에게 비참하게 물려 죽었어. 어때, 후회하지?"라고 했어요. 여러분은 이 양계장 닭에게 뭐라고 이야기해 주고 싶은가요?

닭아! 넌 갇혀 사니까 좋던?

Tip 3. 양계장 닭과 잎싹에게 각각 있는 것과 없는 것을 찾아보세요. 단, 단어로만 말해 보세요. (예: 자유)

양계장 닭	잎싹
있는 것	있는 것
	자유
없는 것	없는 것

4. 잎싹이 여러분에게 아래와 같이 말했습니다. 여러분이 40년 후에 잎싹처럼 말할 수 있으려면 여러분에게 어떤 것들이 필요할지 생각해 보세요. 그중에서 중요하다고 생각하는 것들을 몇 가지 추려 복주머니에 넣어 보세요.

"한 가지 소망이 있었지. 알을 품어서 병아리의 탄생을 보는 것! 이제 그걸 이루었어. 고달프게 살았지만 참 행복하기도 했어. 그 소망 때문에 오늘까지 살았던 거야."

교사 활용 Tip

있다, 없다 게임

머릿속에 번개처럼 스쳐가는 생각을 한 단어로 표현해 보면서 핵심 내용을 이해하는 게임이다. 예를 들어 먼저 교사가 "자, 양계장 닭에게 있는 것, 그리고 잎싹에게 있는 것은?" 하고 질문을 던진다. 아이들의 대답으로 어느 정도 칸이 채워지면 이번에는 반대로 "자, 양계장 닭에게 없는 것, 그리고 잎싹에게 없는 것은?" 하고 물어 이야기를 이끌어 본다.

책읽기 자기읽기 ⑥

다른 별에서 온 마녀

1. 다음 책 속의 한 부분을 읽고 아래 활동을 해보세요.

"전 마법에 대해서는 전혀 몰라요. 전 그저 (   )에 불과하고 마법엔 사람들이 이해할 수 없는 점이 많아요. 그러나 이것만은 저도 똑똑히 알아요. 우리의 상상을 넘어서는 일들이 많이 있다는 것 말이에요. 저 별들 너머에는 아마도 ⓐ무수한 세계들이 있을 테고, 만약 ⓑ제가 살고 있는 세계 너머를 보려고 하지 않는다면 저는 더 보잘것없는 사람이 될 거예요."

1-1. 위 대사는 누구의 대사일까요? 책에서 위 대사가 나온 페이지를 찾아보고, 괄호 안을 채워 보세요.

1-2. ⓐ와 같이 여러분이 꿈꿔 본 무수한 세계를 표현해 보세요.

1-3. '무수한 세계'를 대체할 수 있는 단어로 무엇이 있을까요? 아래에 적어 본 후 대표 단어를 뽑아 보세요.

1-4. 여러분은 ⓑ처럼 행동하려는 사람인가요, 반대로 하려는 사람인가요? 같은 생각을 가진 친구들끼리 모여, 자신들이 왜 그렇게 생각하는지 서로의 공통점이 무엇인지 이야기를 나눠 보세요.

2. 다음 신문 기사를 읽고 아래 활동을 해보세요.

뇌병변장애 KAIST생 미시간大 장학생 유학길

▲ 뇌병변 2급 장애를 극복하고 한국과학기술원(KAIST) 석사과정을 마친 뒤 미국 미시간대 박사과정 전액 장학생으로 뽑혀 유학길에 오르는 김동원(27) 씨. "제 꿈은 저처럼 어려운 이들에게 새 세상을 열어주는 희망의 기계를 만드는 것입니다"

뇌병변 2급 장애를 가진 한국과학기술원(KAIST) 기계공학과 대학원생 김동원(27) 씨가 역경을 딛고 미국 미시간대 박사과정 전액 장학생으로 뽑혀 오는 28일 유학길에 오른다.

태어날 때부터 몸이 불편했던 김 씨는 지난 2년 동안 KAIST 기계공학과 장평훈 교수 실험실에서 수학했는데 필기를 빨리 하지 못해 친구의 노트를 복사해 가며 공부한 끝에 오는 20일 석사과정을 졸업한다.

미국에서 의공학을 공부할 것이라는 김 씨는 "장애의 원인과 개선방법을 연구하는 의학에 공학을 접목하는 연구를 통해 장애인을 도와주는 재활분야 전문가가 되겠다"고 포부를 밝혔다.

그는 또 "꿈을 가진 장애 학생들이 KAIST에 더 많이 들어오기 바란다"며 "KAIST가 장애 학생의 특성에 따라 입학기준을 유연하게 조정하는 등 장애인 학업환경을 더 개선했으면 좋겠다"는 의견을 내놨다.

김 씨는 지난 10일 총장실을 방문, "학교발전에 써 달라"며 100만원의 기부금을 내놓기도 했는데 이 자리에서 "앞으로 열심히 공부해서 뜻한 바를 이루게 되면 더 많은 도움을 모교에 주겠다"고 말했다.

김 씨를 지도한 장평훈 교수는 "항상 밝고 긍정적인 태도로 주위 사람들과 잘 어울렸고 연구 성과도 탁월했다"며 "핸디캡에 굴복하지 않고 적극적으로 이겨낸 것은 많은 학생들에게 귀감이 될 것"이라고 말했다.

서남표 총장도 "무사히 공부를 마치고 우리 사회에 기여할 수 있는 인재가 돼 돌아오기를 바란다"고 격려했다.

–「연합뉴스」, 2010년 8월 16일

2–1. 위 기사에 나오는 김동원 씨와 가장 비슷하게 살고 있는 인물을 책 속에서 찾아보세요.

Tip 2–2. 왜 그렇게 생각하는지 근거가 될 수 있는 대사나 사건을 책에서 찾아 쪽수를 적고 그 내용을 그대로 옮겨 적어 보세요.

3. 일래너나 조린 중에 한 사람의 입장이 되어 20□□년 □월 □일의 나에게 보내는 메시지를 적어 봅시다. 적은 내용을 동영상으로 찍어 3분 UCC로 제작, 홈페이지에 올려 보세요.

20 년 월 일

To.

교사 활용 Tip

아이들이 찾은 문장들을 함께 나누는 시간을 가지면 더욱 좋다. 예를 들어 '이 소설에 이 문장'이라는 게시 코너를 만들어 전시하고 서로에게 소개하는 활동을 할 수 있다.

책읽기 자기읽기 ⑦

노란 코끼리

1. 다음 책 속의 한 부분을 읽고 아래 활동을 해보세요.

A

"너란 애는… 도대체… 난 널 비겁한 애로 키운 기억이 없는데. 차라리 물리는 편이 더 나아…."

엄마는 숨이 턱에 차 고함을 치면서 내 바짓가랑이를 잡고 늘어졌다.

"이거 봐요. 위험하단 말이에요. 그럼 엄만 뭐예요? 엄마도 차라리 들이받히지 그랬어요. 왜?"

그 말을 뱉은 순간, 엄마는 우는소리인지 외침 소린지 알 수 없는 소릴 내지르더니 주먹으로 내 다리를 마구 때리기 시작했다.

"그만 좀 해요."

나도 모르게 엄마의 가슴팍을 퍽 차버렸다. 그러자, 믿을 수 없을 정도로 맥없이 엄마의 두 손이 내 다리에서 떨어졌다. 그리고 엄마는 허공을 잡듯이 팔을 앞으로 내밀고 뒤를 향한 자세 그대로 계단에서 굴러 떨어졌다.

B

하지만 지금쯤 엄마는 낯선 고장의 호텔 침대에 혼자 동그마니 앉아 자신이 저지른 멍청한 짓을 싫증날 정도로 곱씹고 있을 것이다.

문득, 그런 생각이 들자 가슴 한 곳이 이상하게 찌릿찌릿하며 안 된 생각이 들었다. 엄마가 정신이 없는 건 덜렁대는 성격 때문이지만 요즘 들어 더 심해진 건, 어쩌면 전보다 일을 더 많이 해서 그런지도 모른다는 생각도 들었다. 그리고 아빠가 없어서 두 사람 몫을 혼자 하다 보니 그럴지도 모른다는 생각에 이르자 내 가슴에는 이제 어두운 기운이 드리워졌다. 마치 유리창을 신문지로 막듯이.

1-1. A와 B에서 요군의 감정을 가장 잘 느낄 수 있는 부분을 찾아 보세요.

1-2. A와 B에서 요군은 엄마에게 각각 어떤 감정을 느끼고 있나요? 아래에 표정을 넣어 보세요. 그리고 그 표정을 단어로 설명해 보세요.

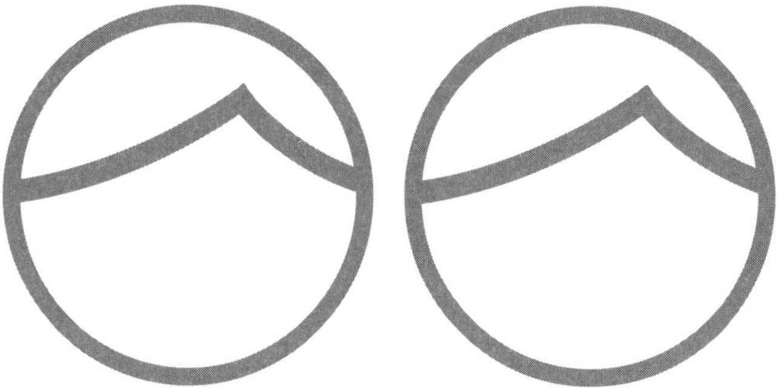

1-3. A나 B 장면 중 하나를 선택하여 드라마를 만든다고 생각하고, 대사를 구성해 보세요. 다 쓴 후에는 친구들과 서로의 대본을 바꿔 읽어 보세요. A와 B에 나오는 등장인물의 심리가 어떻게 다른지도 이야기해 보세요.

2. 다음 책 속의 한 부분을 읽고 아래 활동을 해보세요.

> 쇼난(가나가와 현에 있는 지역 명)으로 바다를 보러 가기도 했고, 한밤중에 시이짱네 집에 갈 수 있었던 것도 분명 노란 아기 코끼리 덕분이었다.
>
> "그리고 비참한 생각도 사라졌고."
>
> "그게 무슨 말이에요?"
>
> 나는 엄마의 얼굴을 보았다.
>
> "엄마는 노란 아기 코끼리를 타고 있을 때면 늘 기분이 좋았단다. 엄마 노릇도 잘 못하고 아내로서도 부족했지만, 복잡한 도로에서 다른 차량의 물결에 섞여 함께 달리다 보면, '어때, 나도 남들에게 뒤처지지 않고 잘하잖아' 하는 기분이 들었거든. 엄마가 그럭저럭 생활을 꾸려갈 수 있었던 건 모두 이 노란 아기 코끼리 덕분이야. 물론 앞으로도 사람들에게 이런저런 폐를 끼치게 될지도 모르지만, 우리도 이젠 남에게 의지하지 말고 어떻게든 씩씩하게 살아가야 해, 별일도 아닌 걸 가지고 놀란 고슴도치처럼 몸을 동그랗게 말고 있을 수만은 없으니 말이야. 엄마는 이제 가슴을 펴고 씩씩하게 나아갈 거야."

2-1. 최근 1년 동안 여러분의 어머니에게 일어난 일 중에 어머니가 가장 힘들었을 것 같은 사건을 하나 떠올려 보고 아래에 써보세요.

2-2. 요군의 어머니에게 '노란 코끼리'는 용기를 주었습니다. 여러분의 어머니가 가장 힘들었을 그 시간으로 돌아간다면, 여러분은 어머니에게 어떤 것을 선물해 주고 싶은가요? 어머니에게 '노란 코끼리'가 될 수 있는 것을 생각해서 적어 보세요. 그리고 그렇게 생각

한 이유도 같이 적어 보세요.

Tip 3. 여러분의 부모님을 주인공으로 해서 다큐멘터리를 찍으려고 합니다. 여러분이 PD라면 아버지의 삶을 가장 진실하게 보여 주기 위해 아버지에게 어떤 질문을 던질까요? 핵심적인 질문 다섯 가지만 적어 보세요.

교사 활용 Tip

가족 다큐멘터리 찍기

이 활동을 어려워하는 아이들이 있다면, MBC 인터뷰 다큐멘터리 '가족' 중 「어머니와 딸」「아버지와 아들」을 보여 주면 이해를 도울 수 있다. 여건이 된다면, 질문을 바탕으로 핸드폰 인터뷰 동영상을 찍게 할 수 있다.

책읽기 자기읽기 ⑧

소녀의 마음

1. 다음 글은 가스리와 엄마의 대화 내용입니다. 글을 읽고 아래 활동을 해보세요.

가스리는 쉴 새 없이 재잘거렸다.

"학교 선생님 중에도 그런 사람이 있어요. 자기가 예뻐하는 학생이 자기를 얼마나 싫어하는지 꿈에도 모르는 꼴불견 선생님……."

"가스리도 그런 선생님을 만난 경험이 있나 보지?"

"있고말고요."

잘난 척하며 가스리가 대답하자, 미네코가 말했다.

"그런 말을 자랑스레 떠벌리는 애도 똑같이 둔해."

순간, 가스리가 발끈해서 곧바로 되받았다.

"그런 말로 자기 자식을 탓하는 부모도 둔해."

……중략……

"너 빨리 학교 가."

가스리는 대답하지 않았다. 학교 갈 시간이 되었는데도 채비를 하지 않았다.

"계속 이러고 있을 거야?"

"나도 오늘 학교 안 갈래."

"무슨 소리야? 너하곤 상관없잖아."

"시비 좀 걸지 마."

가스리가 발끈 화를 냈다.

"왜 상관이 없다는 거야? 나도 걱정돼서 이러는 거잖아."

"너, 아빠한테 가."
감정을 억누르며 미네코가 말했다.
"너까지 이번 일에 휘말리는 건 좋지 않아. 나도 그 정도 판단력은 있어."
"그러니까 엄마는 이기적이라는 거야. 엄마만 두고 나 혼자 어떻게 아빠한테 가?"
"네가 옆에 있으면 더 절망스러워."
"물론 엄마 마음은 이해해. 엄마가 자포자기한 사람처럼 말하는 걸 보면 나도 괴롭다고."

1-1. 위 단락에서 엄마가 한 말 중에 가스리가 듣고 가장 기분 상했을 것 같은 말을 골라 보세요.

1-2. 이 책에 나오는 엄마의 말 중에 '딸에게 이런 말은 하지 말았어야 했다'는 말 세 개를 골라 적어 보세요.

1-3. 이 책에 나오는 가스리의 말 중에 '엄마에게 이런 말은 하지 말았어야 했다'는 말 세 개를 골라 적어 보세요.

2. 다음 글은 가스리와 아빠의 대화 내용입니다. 글을 읽고 아래 활동을 해보세요.

"어떤 아이니?"
"같은 반."
"음, 그래?"
"저번에 아빠랑 술집에 갔잖아? 그런 동네에 사는 애야"
"시장?"
"응."
사내는 고개를 끄덕거렸다.
가스리가 너무도 아무렇지 않게 말했다.
"더구나 폭주족에 비행 청소년이야."
사내가 말했다.
"호오, 그래?"
"놀라지 않아?"
"어찌 놀라지 않겠습니까?"
사내가 농담처럼 그렇게 말했다.
"아빠는 말이다."
"응?"
"예전에 폭주족 아이들을 모아 시골에 자급자족 단체를 만들고 싶었던 적이 있단다."
가스리가 사내 흉내를 냈다.
"호오, 그래요?"
"네가 선택한 애니까, 아빠는 믿는다."

"아빠, 고마워."

"언제 한번 보고 싶구나."

……중략……

가스리는 한동안 말이 없었다.

"엄마가 좋아하는 사람, 부인이랑 자식이 있는 사람이야."

"뭐?"

사내는 놀랐다.

"엄마가 나한테 그 얘길 털어놨을 때……."

가스리가 울먹이는 목소리로 말했다.

"나…… 엄마가…… 엄마가…… 내 몸에 손대는 게 싫었어……."

사내는 나지막이 탄성을 발했다.

"엄마한테 상처를 주는 거라고 생각하지만……. 나…… 어쩔 수가 없었어……."

사내는 다정하게 딸의 어깨를 감싸 주었다.

"나……."

"그만, 이제 그만."

사내는 두세 번 가볍게 딸의 어깨를 토닥였다.

"가스리, 아빠가 얘기 하나 해 줄까? ……중략…… 그런데 네댓새 뒤에 그 젊은이한테서 편지가 왔어. 뭐라고 써 있었을 것 같아?"

가스리는 고개를 저었다.

"초면에 실례가 많았다고. 그 다음 말이, 자기는 신경증을 앓고 있어서 뾰족한 물건이나 가느다란 걸 보면, 안절부절못한다는 거야. 한순간, 나는 뒤통수를 세게 얻어맞은 듯한 충격을 받았지."

가스리는 사내의 눈을 말끄러미 들여다보았다.

"그런 일이 있었단다, 가스리."

가스리는 크게 고갯짓을 했다.

"응, 무서운 얘기지만……."

가스리는 혼잣말처럼 말했다.

"생각해 볼게, 아빠. 나라면 어땠을지……."

"그래. 사람과 사람의 관계란 참 어려워. 부모 자식 사이든 연인 사이든, 상대방을 이해한다는 것은 쉬운 일이 아냐. 아빠하고 너는 살아온 세월이 많이 다르지만, 아마 네 생각도 아빠와 같을 거야. 이런 생각에 나이 차이 같은 건 없어. 어린아이들도 마찬가지일 거라고 생각한다."

2-1. 위 단락에서 아빠가 한 말 중에서 가스리가 듣고 가장 기분이 좋았을 것 말을 찾아보세요.

2-2. 이 책에 나오는 아빠의 말 중에 '외워 뒀다가 내가 아버지가 되어 자식에게 해주고 싶은 말' 세 개를 골라 적어 보세요.

2-3. 가스리가 엄마와 나누는 대화와 아빠와 나누는 대화의 분위기는 상당히 다릅니다. 왜 그럴까요?

3. 다음 글은 이 책 속의 한 부분입니다. 글을 읽고 아래 활동을 해보세요.

"우에노는 어머니를 사랑하는구나."

돌아오는 길에 가스리가 이렇게 중얼거리자 소년이 대뜸 말했다.

"인마, 닭살 돋는 소리 하지 마. 부모는 적이야. 학교 선생하고 똑같다고. 그 인간들을 싹 몰아내지 않으면, 내가 살 수 있는 세계는 없어."

가스리가 쌀쌀맞게 말했다.

"괜히 허세 부리는 거지?"

"너하고 나는 살아온 환경이 달라. 네 상식으로 아무 말이나 하지 마. 난봉꾼에 알코올 중독자 부모를 둔 자식한테는 하루하루가 전쟁이야. 어유, 꼴에 부모라고 자식을 죽이지는 않지만, 죽도록 패질 않나, 죽도록 굶기질 않나, 진짜로 죽을 맛이었다니까. 코흘리개 때부터 나 스스로 나를 지켜야 했다고."

"우에노."

"왜?"

"그렇게 자란 사람이면 누구든 어두운 구석이 있을 거야. 남 앞에서 쭈뼛거리기도 하고 말이야. 그런데 너한테는 그런 게 없어. 왜 그럴까?"

"주눅 들면 못 사니까."

3-1. 우에노는 왜 밑줄과 같은 말을 하게 됐을까요? 이런 생각이 우에노에게 도움이 됐을지 해가 됐을지 생각해 보고 아래에 자신의 생각을 적어 보세요.

3-2. 우에노가 아래 글의 A에게 조언을 해주려고 합니다. 뭐라고 조언을 해줄 것 같은가요?

오늘도 A는 책상 밖으로 다리를 길게 빼고 달달달 떨고 있다. 건드리면 터질 것처럼 아슬아슬한 분위기다. 수업 분위기를 방해한다고 지적하면 A는 발끈하지만 왠지 미워할 수가 없다. 불안정해 보이는 눈이 무슨 말을 하는 것만 같다. 유독 자주 다치고 사고도 많아서 질병결석도 많지만 무단결석 또한 만만치 않다. 오랜만에 학교에 나온 A를 마음먹고 불러 이야기를 들어본다.

"저는요, 아빠만 보면 그냥 화가 나요. 부숴 버리고 싶어요. 아빠 엄마 안 봐도 되는 곳, 할머니 사시는 전주에 내려가서 살고 싶어요. 할머니 힘들게 농사지으시는데 그거나 도와드리면서, 그러면 마음도 착해지고 지금보다 착실하게 살 수 있을 것 같아요."

책읽기 자기읽기 ⑨

지독한 장난

1. 책 속 '혜진'에 대해 생각해 보세요.

1-1. 책 속에서 가장 '혜진답다'고 생각되는 문장은 무엇인가요? 찾아서 적어 보세요.

1-2. 혜진은 왕따를 당하면서도 크게 상처를 받지 않는 것처럼 보입니다. 왜 그럴까요? (예: 혜진이의 성격은 OOO이기 때문이다.)

1-3. 혜진은 왕따를 당한 준서에게 왕따를 당하고도 상처받지 않는 효과적인 주문을 가르쳐 주었습니다. 그 주문을 완성된 한 문장으로 만들어 적어 보세요. (예: 2학년 1반 애들은 너무 어려!)

2. 책 속 '성원'에 대해 생각해 보세요.

2-1. 책 속에서 가장 '성원답다'고 생각되는 문장을 찾아 적어 보세요.

2-2. 성원은 강민이 주도하는 지독한 장난에 휩쓸리지 않으려고 적당한 거리를 유지합니다. 그런 성원의 마음이 이해되나요? 성원이 그렇게 행동할 수밖에 없었던 이유는 무엇일까요?

2-3. 만약 반 친구가 왕따를 당하는 상황이라면, 여러분은 성원과 혜진 중 누구처럼 행동할 것 같나요? 자신의 솔직한 마음을 적어 보세요.

3. 책 속 '준서'에 대해 생각해 보세요.

3-1. 책 속에서 가장 '준서답다'고 생각되는 문장은 무엇인가요? 찾아서 적어 보세요.

3-2. 칠판에 양팔에 풍선을 단 준서가 그려져 있어요. 각각의 풍선에 들어갈 말을 채워 보세요.

3-3. 반 아이들에게 "찌질남."이라는 소리를 들은 뒤, 준서는 "나는 찌찔해."라고 생각합니다. 주변 사람들에게서 어떤 말을 자꾸 듣고 난 뒤, 그 말처럼 생각하게 된 경험이 있다면 아래에 적어 보세요.

4. 강민을 원고, 준서를 피고, 혜진을 증인으로 설정하여 각각 검사와 변호사가 되어 모의 재판을 해보세요.

책읽기 자기읽기 ⑩

밤의 피크닉

1. 이 소설에 등장하는 인물들의 특성을 떠올리며 아래 빈칸을 채워 보세요.

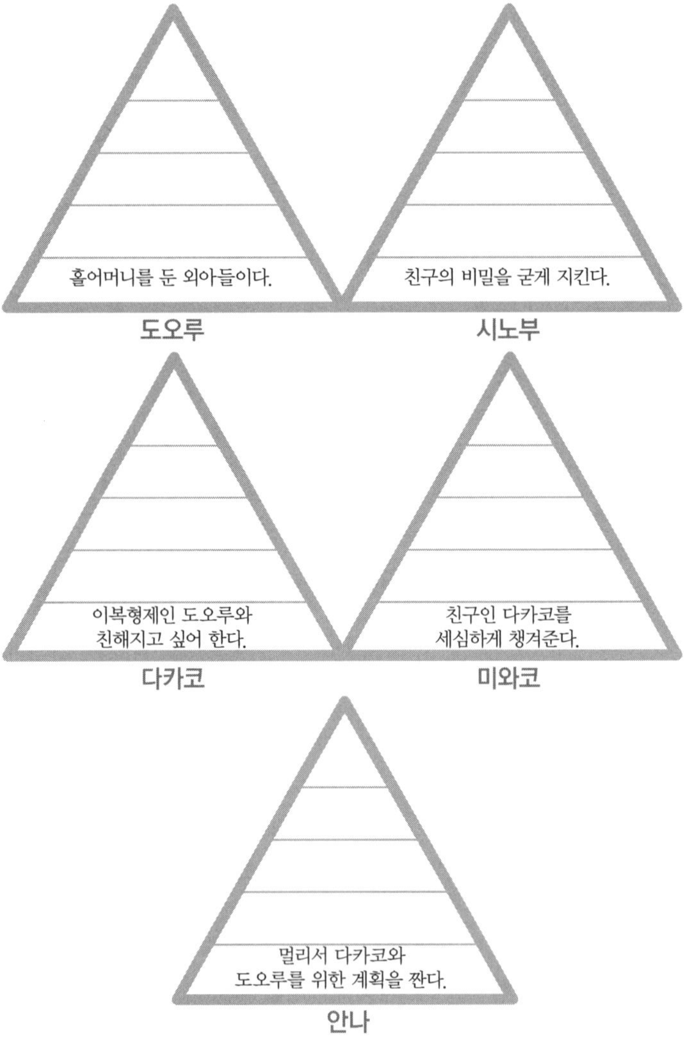

홀어머니를 둔 외아들이다.
도오루
친구의 비밀을 굳게 지킨다.
시노부
이복형제인 도오루와 친해지고 싶어 한다.
다카코
친구인 다카코를 세심하게 챙겨준다.
미와코
멀리서 다카코와 도오루를 위한 계획을 짠다.
안나

Tip 2. 교실의 서로 다른 자리에 도오루, 시노부, 다카코, 미와코, 안나가 앉아 있어요. 이 다섯 명 중에 절친한 친구로 삼고 싶은 사람 옆에 가서 앉아 보세요. 그리고 친구로서 그 사람이 갖고 있는 장점, 여러분을 반하게 한 행동과 대사들을 이야기해 보세요.

....

....

3. 다음 빈칸을 채워 보세요.

- 『밤의 피크닉』을 읽기 전에 나에게 친구란

.... 이었다.

왜냐하면 .... 니까.

- 『밤의 피크닉』을 읽고 난 후 나에게 친구란

.... 다.

왜냐하면 .... 니까.

예) 나에게 친구란 거북이다.

왜냐하면 나의 고민을 등에 지고 천천히 내 곁을 걸어가니까.

교사 활용 Tip

모서리게임

같은 생각을 지닌 아이들끼리 교실의 각 구석 자리(모서리)에 모여 자연스럽게 모둠을 구성하고 이야기를 나눌 수 있는 게임이다. 예를 들어 교사는 "절친한 친구로 삼고 싶은 사람 쪽으로 이동해 주세요. 앞쪽은 도오루, 뒤쪽은 시노부, 왼쪽은 다카코, 오른쪽은 미와코, 중앙은 안나입니다."라고 안내할 수 있다. 그러면 아이들은 각자의 생각대로 나뉘어 모둠을 구성하고 이야기를 나누면 된다.

책읽기 자기읽기 ⑪

첫사랑

1. 동재는 생애 처음으로 한 여자아이를 좋아하게 되었어요. 동재처럼 이성이 막 좋아지기 시작한 순간이 있었나요? 그 순간의 느낌을 떠올려 보세요. 언제쯤, 어떤 계기로 그 아이가 좋아졌는지 자세하게 떠올려 보고, 구체적으로 그때의 느낌을 아래에 표현해 보세요.

왜 나왔는지 동재는 알 것 같았다. 반짝이 수술을 들고 반대항 계주를 응원하던 연아의 모습은 반 여자아이들 가운데서 가장 예뻤다. 다른 예쁜 아이들처럼 자기가 예쁘다는 것을 의식하거나 남들의 시선을 구하는 바 없이 오로지 열렬하고 순수하게 반의 우승을 응원하는 모습은 아름다움 그 자체였다.

2. 연아의 마음을 사로잡고 싶은 동재는 인터넷 지식 검색에 아래와 같은 글을 올렸어요. 여러분이 동재의 글을 보았다면 어떤 조언을 해 주고 싶은지 댓글로 달아 보세요.

Q **여친100일이벤트** 10

비공개 | 질문 1건 질문마감률 0% | 2011.10.19 11:19

2

답변 3 | 조회 1,630

저는 초등학교 6학년 남학생입니다. 이제 곧 여친과의 100일이 다가오는데, 처음이라 그런지 어떤 이벤트를 해줘야 할지 영 떠오르질 않네요. 연애 고수님들의 깨알 같은 답변 부탁드립니다.

의견 쓰기

신고

질문자 채택이 되지 않은 경우, 질문 최종 수정일 기준으로 15일 경과되어 추가 답변 등록이 불가합니다.

A **re: 여친100일이벤트?**

비공개 | 답변채택률 46.3% | 2011.10.27 15:46

답변 추천하기

1

안녕하세요~^^ 여자 친구분과 100일 이벤트를 준비하시려나 보네요!!

저는, ...

....

....을 추천해 드립니다!

그럼 좋은 시간 보내세요~!

출처 내경험담

비공개

답변하신 분이 본인의 프로필 정보를 비공개로 하셨습니다.

의견 쓰기

신고

3. 『사랑을 물어봐도 되나요』(이남석 지음, 사계절)를 함께 읽어 보고, 다음 질문에 대한 자신의 생각을 적어 보세요.

사랑과 우정은 다른가요?

진정한 사랑은 무엇인가요?

사랑은 받는 것인가요, 주는 것인가요?

사랑은 왜 변하나요?

책읽기 자기읽기 ⑫

발차기

1. 다음 글은 경희의 마음을 표현한 책 속 내용입니다. 글을 읽고 남자친구(여자친구)에 대한 나의 감정을 경희의 마음과 비교해서 수치로 표현해 보세요.

경희는 가장 맑은 눈빛으로 정수를 보고 싶다. 눈을 크게 뜬다. 정수가 왼쪽 덧니를 드러내며 웃고 있다. 저 웃음에 반했던가. 아니면 깊은 숲 속 나뭇잎 사이로 굵게 쏟아지는 빛무리처럼 강렬한 눈빛에 마취라도 당한 걸까. 아니면 아장아장 걸음질 할 때부터 영국에서 익힌 발레로 다듬어진 몸매에 반했던가. 아니면 군더더기 하나 없이 매끄러워서 여자 같은 얼굴에 반했던가.

경희는 정수를 알아 갈수록 조바심이 났다. 대학교수인 그의 부모님하고 저녁을 먹고 왔을 때는 처음으로 이혼한 부모를 원망하였고, 모든 부분에서 자신이 꿀린다는 자학까지 하였다. 경희는 그의 영원한 여자 친구 아니 아내가 되고 싶다고 겁 없이 일기장에다 고백했다.

									↓	
0	1	2	3	4	5	6	7	8	9	10
									경희	

2. 위 감정의 강도를 주위 어른에게 이야기해 본 적이 있나요? 있다면 누구에게 이야기했나요? 이야기를 하니 뭐라고 말씀해 주셨는지 가장 가슴에 남는 말을 그대로 적어 보세요. 없다면 이야기하면 뭐라고 할 것 같은지 그대로 써보세요.

3. 다음 책 속의 한 부분을 읽고 아래 활동을 해보세요.

정수는 몇 번이나 경희한테 사랑을 하고 싶다고, 약간 수줍어하면서도 저돌적인 눈빛으로 성관계니 섹스니 경험이니 육체적 사랑이니 하는 말을 저속한 표현이라는 듯이 사랑을 하고 싶다고 속삭였다. 그때마다 경희도 수줍게 웃으면서 "나중에." "조금만 참으면 안 돼?" "우리 대학생 될 때까지만……." 그런 말로써 응급조치를 하면서 피했다. 그럴수록 그의 눈 속에 타오르는 불꽃은 강렬해졌다. 그의 생일날에는 자신의 요구를 들어주지 않으면 헤어지겠다고 으름장까지 놓았다. 경희도 정수 못지않게 호기심이 있었고, 어떤 설렘과 떨림이 있었다. 그런 감정들을 숨기고 싶었다. 한 여자로서 마지막으로 남아 있는 자기만의 땅을 다른 사람에게 내보인다는 불안감도 있었다. 경희는 자신이 그 누구의 눈치도 보지 않을 만큼 당당해졌을 때, 한 여자로서 사랑하는 남자 앞에 서고 싶었다. 경희는 지금 자신의 모습이 불완전하다고 판단했다. 범생이로 보이고 싶어 하는 욕망 자체가, 이제까지 쌓아 온 자신의 가치관이나 성격을 숨죽이면서 정수의 눈빛과 말에다 자신을 맞추려는 비겁함 자체가 불안하다는 뜻임을 알고 있었다.

3-1. 여기서 표현된 경희와 정수의 감정에 대해 얼마만큼 공감하나요? 아래 칸에 체크해 보세요.

-5	-4	-3	-2	-1	0	1	2	3	4	5	경희
공감하지 않는다.					그럴 수 있다.					공감한다.	

-5	-4	-3	-2	-1	0	1	2	3	4	5	정수
공감하지 않는다.					그럴 수 있다.					공감한다.	

3-2. 여러분이 현재 경희와 정수와 같은 상황에 처했다면 어떤 선택을 할까요? 그 이유는 무엇인지 적어 보세요.

3-3. 여러분이 대학생이 되어서 같은 상황에 놓였다면 어떤 선택을 할까요? 그 이유를 적어 보세요.

Tip 3-4. 여러분이 오늘 경희 또는 정수와 같은 선택을 하려고 합니다. 앞서 준비해야 할 세 가지가 있다면 무엇일까요? 색종이 세 장에 각각 적어 보고 친구들이 적은 것과 비교해 보세요.

교사 활용 Tip

발표 활동

아이들에게 선택 결과를 공개하도록 격려하고 싶다면, 앞서 소개한 모서리 게임을 활용할 수 있다. 선택 결과를 공개하고 싶지 않다면, 색종이를 투표함에 넣고 교사가 무작위로 발표하면 된다.

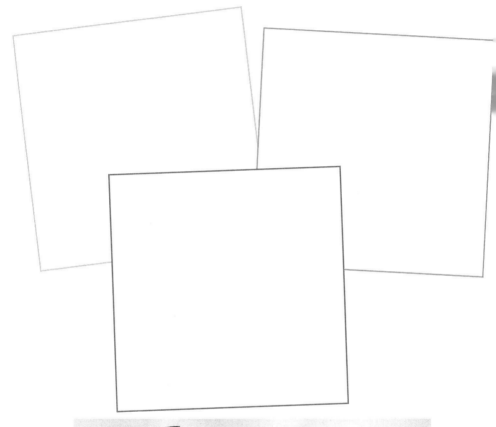

책읽기 자기읽기 ⑬

오렌지 1kg 그리고 삶은 계속된다

1. 모둠 별로 아래 글 중 하나를 선택하여 읽고 떠오르는 감정을 단어로 적어 보세요.

지금 알리스의 마음은 ①

당시의 내 몫은 급작스럽게 굳어 버린 집안 분위기, 긴장, 신경이 곤두서 있는 엄마, 불안한 아빠, 시간에 쫓기는 듯이 초조감에 시달리는 두 분을 견디는 것이었다. 부모님은 갑자기 할 일이 많아졌다. 그것도 최대한 빨리 처리해야 했다. 나는 그런 집안 분위기에 적응해야 했다. 내 일을 혼자 해결해야 했고, 그러다가 뒤죽박죽이 되어도 혼자 감당해야 했고, 눈에 띄지 않게 조심스럽게 행동해야 했다. 나는 이제 그다지 중요한 사람이 아니었다.

"새로 한 머리가 잘 어울리네요."

가발은 성공적이었다. 아무도 의심하지 않았으니. 하지만 나는 모든 것을 알고 있었으므로 힘들게 그 사실을 견뎌 내고 있었다. 어느 날 엄마가 내 방이 너무 지저분하다며 꾸중했을 때, 나는 홧김에 아무 생각도 없이 톡 쏘아붙였다.

"엄마는 어떻고! 엄마 머리는 얼마나 보기 싫은지 알아?"

아! 엄마의 눈에서 얼마나 혹독한 슬픔을 읽었는지.

그리고 소풍까지. 날씨도 전에 없이 화창해서 정말 멋진 하루였다. 집에 돌아오면서 생각했다. 어떤 질병도 우리 주변에서 춤추고 있지 않은 것처럼 행복하고 즐거운 하루를 보냈다는 것을. 너무 행복했기 때문에, 암이라는 게 한 토막 나쁜 꿈에 지나지 않는 것 같았다. 정말로, 암은 우리 생각 속에나 있는 것이다. 엄마가 암에 걸렸다니, 그럴 리가 없다. 그럴 수는 없는 일이다. 삶이 어떻게 우리에게 그런 못된 짓을 할 수가 있을까?

지금 알리스의 마음은 ②

엄마를 붙들고 싶었다. 다시 살아나라고 떼를 쓰고 싶었다. 나는 엄마를 사랑하니까, 그리고 엄마도 나를 사랑하니까. 엄마가 나를 떠났다는 사실을, 정말로 떠나 버렸다는 사실을 믿을 수가 없었다. 엄마가 우리에게 이럴 수는 없는 노릇이었다. 가슴이 터질 것 같았다.

그러다가 느닷없는 분노가 내 마음을 틀어쥐었다. 우리가 정말 복 받은 사람들이라면 왜 갑자기 행복이 끝났을까? 왜 갑자기 우리는 불행해졌을까?

우리는 깨끗한 상복 안쪽에서 폐허가 되어 있었고, 슬픔만이 그 폐허 위에 유령처럼 거닐었다. 우리는 텅 빈 채 고통과 설움으로 목이 메었다. 이제 아빠와 나, 둘만 남아서 서로의 팔에 의지해야 한다. 돌아가신 엄마의 모습과 '엄마는 죽었다'는 말이 여전히 내게는 낯설었다. 실감이 나지 않았다. 생각할 수도 없고, 이해할 수도 없었다.

하지만 밤은 끔찍했다. 아무렇지 않은 표정으로 하루를 보내는 동안 내 속에 서리서리 쟁여 있던 고통과 두려움이, 창백히 관 속에 누운 엄마의 모습과 함께 악몽의 표면 위로 떠오르는 것이다. ……중략…… 나 역시 살고 싶지 않았다. 언젠가 나도 죽을 거고, 많은 사람의 죽음을 지켜보며, 매 순간 죽음을 준비하고 있어야 한다면, 지금 살아 있는 게 뭐 그리 무슨 좋은 일이란 말인가. 무섭도록 진저리가 났다.

간절히 바랐다. 엄마가 여기 있었더라면, 다른 애들처럼 내게 엄마가 있었더라면, 병들어 누워 있을지라도 엄마가 이 자리에 있었더라면, 단지 내 앞에 있기만이라도 해 줬으면……!

지금 알리스의 마음은 ③

엄마가 돌아가셨기 때문에 나는 고양이를 얻었다. 엄마가 죽은 '덕분에' 받은 선물을 어떻게 아무렇지 않게 가질 수 있을까? 결국 잠을 자지 못하고 아빠를 깨웠다. 아빠가 말했다.

"그래, 그렇게 생각할 수도 있지. 하지만 한 치 앞만 보고 사는 게 아니라면 말이야…… 걱정하지 마. 고양이는 삶이야, 오렌지 1킬로그램처럼. 우정이고 사랑이고 따뜻함이지. 너를 사랑하는 사람들이 너에게 주는 삶의 선물이야. 친구들이 너에게 이렇게 말하고 있는 거야. '우리가 여기 있어, 널 위해 우리가 무언가 할 수 있어. 알리스, 너는 살아야 해', 마음 놓으렴. 고양이를 받아도 돼."

아빠가 엄마가 아닌 다른 여자에게 뽀뽀하거나 엄마가 아닌 다른 여자가 애정이 가득한 눈빛으로 아빠를 바라보는 일은 전혀 예상하지 못했기에 얼떨떨했다. 하지만 동시에 가슴 한켠이 아리는 기쁨을 느꼈다. 어쩌면 다시 행복해질 수도 있겠다는, 변화와 생기가 다시 우리 집에 찾아올 수도 있겠다는 예감이었다.

식이 열리기 전 나는 오랫동안 사진 속의 엄마를 바라보았다. 반짝이는 엄마의 푸른 눈동자가 나를 꿰뚫어 보는 것 같았다. 엄마가 내게 말하고 있었다.

“그렇지! 그렇게 사는 거야! 자랑스런 내 딸아, 그렇게 살아야 해.”

눈물이 볼을 타고 흘렀다. 나는 사진을 꼭 끌어안았다. 사진에 입 맞춰 보았다. 가슴이 죄어 왔다. 한 문장이 내 목구멍을 타고 입으로 올라왔다. 가슴 속에서 이리저리 튀어 다니던 문장은…… 입 밖으로 꺼내고 싶지 않다.

‘엄마……엄마……내게 필요한 것은 엄마예요!’

나는 엄마의 굳건한 목소리를 다시 들었다.

“오렌지 사 오는 것 잊지 마, 알리스!”

• **감정 단어 적기**

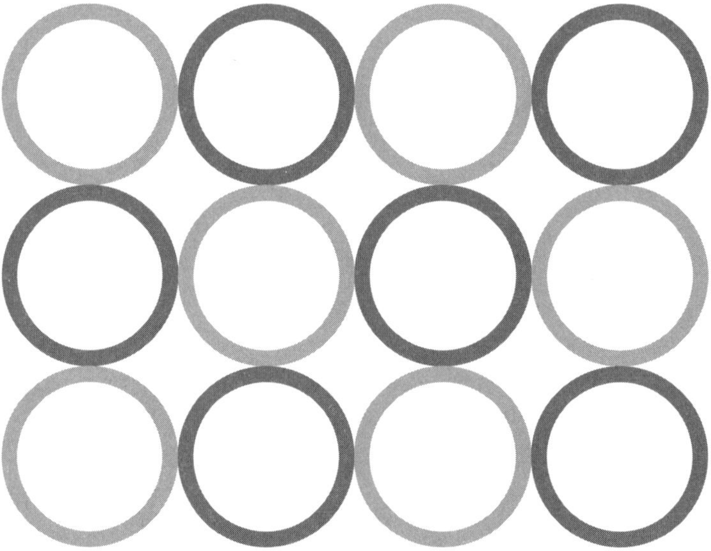

2. 알리스의 어머니는 세상을 떠나기 전 마지막 순간에 다음과 같은 말을 남깁니다. 어머니는 왜 이런 말을 했을까요?

에밀리네 집에서 하루를 보내기로 하고 아줌마를 따라 나섰다. 우리가 출발하기 전에 엄마가 나를 불러서 깊고 텅 빈 동굴에서 울려 퍼지는 듯한 목소리로 말했다.
"돌아올 때 오렌지 사 오는 것 잊지 마, 알리스!"

왜냐하면, ...

....

Tip 3. 이 책의 주인공 알리스는 슬픔 속에서도 엄마를 꿋꿋이 떠나보냅니다. 여러분의 마음속에 아직 완전히 떠나보내지 못한 누군가가 있나요? 그리고 그 사람에게 꼭 하고 싶었지만 하지 못한 말이 있나요? 그 사람에게 마지막으로 편지를 보낸다고 생각하고 하고 싶은 말을 써보세요.

............에게,

............가

교사 활용 Tip

마음속 그 사람에게 편지 쓰기

다 쓴 편지를 자기만의 방식으로 부쳐 보는 활동까지 나아가도 좋다. 이때 우표를 붙여 부칠 수도 있고, 불에 태울 수도 있고, 편지를 받는 사람이 좋아했던 공간에 놓고 올 수도 있음을 알려 준다.

책읽기 자기읽기 ⑭

꽃피는 고래

1. 부모를 교통사고로 한꺼번에 잃고 혼란에 빠진 니은에게 도움이 되었던 사람들을 생각하며 다음 활동을 해보세요.

1-1. 니은에게 가장 도움이 되었다고 생각하는 사람 1위, 2위를 뽑아 보고, 그 이유를 적어 보세요.

1위 ....

2위 ....

1-2. 니은에게 도움을 준 사람들이 한 말들을 곰곰이 생각해 보세요. 의미를 깊이 생각해 보고, 자신에게 가장 감동을 주었던 말을 아래에 그대로 옮겨 적어 보세요.

....

....

....

....

....

....

1-3. 1-1에서 선택한 두 사람과 니은이 대화하는 상황을 드라마로 찍는다고 생각하고 니은의 질문과 그 사람의 대답을 완성해 보세요.

대화 1

니은: (   )님, 나는 지금 ....

....

....

1위를 한 사람: ....

....

대화 2

니은: (   )님, 나는 지금 ....

....

....

2위를 한 사람: ....

....

Tip 2. 장포수 할아버지나 왕고래집 할머니 중 한 사람의 입장이 되어 아래 장면의 니은에게 주는 편지를 써보세요. 편지를 남기기 어려운 사람은 영상 편지를 보낸다고 생각하고 대본을 써봐도 좋아요. 이때 1번 활동에서 나온 친구들의 이야기를 깊이 생각하며 써보세요.

> 그곳은 엄마 아빠가 머무는 공원묘역과 아주 가까웠다.
>
> 우연 같은 것은 믿지 않지만 세상에는 설명할 수 없는 일이 많음은 알고 있었다. 아마도 나는 그곳에 가기 위해 그토록 거리를 떠돌았고, 그곳에 가기 두려워 사람들 사이에 섞여 있었는지도 모른다. 묘역 입구에서 꽃을 살 때도, 엄마 아빠의 묘비 앞에 설 때도 이상하게 눈물이 흐르지 않았다. 두 사람 이름이 새겨진 돌조각에 엄마 아빠의 존재가 있는 건 아니었다. 엄마 아빠 죽음도 거기 있는 것 같지 않았다. 나는 돌조각이나 꽃이나 잔디 같은 것을 그저 돌조각이나 꽃이나 잔디로만 볼 수 있는 점이 좋았다.
>
> 오히려 눈물은 잔디밭에 앉자 쏟아져 내렸다. 엄마 아빠, 거기서 잘 있지? 이제는 안 아프지? 그 생각을 하자마자 수도꼭지가 열린 듯 눈물이 흘렀다. 엄마 아빠는 괜찮을 거야. 왕고래집 할머니도 그렇게 말했어. 지금은 거기서 잘 있을 거야. 나는 숨 쉴 때마다 그 생각을 반복했다. 더 이상 눈물이 흐르지 않고, 온몸에 힘이 하나도 남지 않을 때까지. 무엇보다 내가 그렇게 믿을 수 있을 때까지. 그런 다음 엄마 아빠 없이 살아갈 내 삶의 아주 먼 미래까지 생각해보았다.
>
> 엄마 아빠는 내 고등학교 졸업식에 못 올 것이다. 내가 대학에 입학하는 것도 보지 못할 것이고, 내 남자친구를 소개받지도 못할 것이다. 엄마 아빠는 내 결혼식에 참석하지 못할 것이고 내가 낳은 아이의 할머니 할아버지가 될 수 없을 것이다. 그런 생각을 하자 다시 슬픔이 밀려왔다. 높은 파도가 머리 위를 덮치는 듯한 느낌이 들 때 나는 한 가지를 알아차렸다. 내가 아직도 엄마 아빠를 중심으로 내 인생을 생각하고 있다는

것을.
나는 주어를 바꾸어 다시 생각했다. 나는 엄마 아빠 없이 혼자 살 것이다. 엄마 아빠 없이 남자친구를 사귀고 결혼할 것이다. 엄마 아빠 없이 직장에 들어가고 휴가여행을 떠날 것이다. 주어를 바꾸자 뭔가 다르게 느껴졌다. 마음속에 이상한 힘이 생기며 등이 똑바로 펴지는 느낌이 들었다. 나는 그 힘의 느낌을 잘 기억해 두기로 했다. 엄마 아빠, 걱정하지 마. 나도 괜찮을 거야. 그 생각을 하자 다시 눈물이 흘렀지만 등의 힘은 그대로였다.

3. 다음은 책 속 내용의 일부입니다. 글을 읽고 가장 내 마음을 울리는 문장에 밑줄을 그어 보세요.

기억은 뜨겁거나 차갑고 뾰족하거나 거칠었다. 시장바구니를 현관에 내려놓으며 숨을 고르는 엄마, 출근하다 되돌아와 서류봉투를 찾는 아빠 모습이 뜨거운 덩어리처럼 가슴에서 회오리쳤다. 아무렇지도 않고 아무것도 아닌 기억이란 없었다. 나를 캠프 보내놓고 엄마 아빠만 일본여행 다녀온 일은 뾰족한 꼬챙이처럼 옆구리를 찔렀다. 이불을 잡아채며 늦잠에서 깨우던 엄마 목소리가 떠오르면 손발이 시려왔다. 예상치 못한 기억들의 출몰 때문에 몸에서 힘이 빠졌다.

나는 좀 전과 같은 자세로 벽에 기대앉아 방금 읽은 할머니의 글을 생각했다. 할머니는 원이 없을 것 같았다. 할아버지를 잃지 않기 위해 할 수 있는 노력을 다 했으니 후회나 죄의식도 없을 것이다. 내가 나쁜 아이여서 엄마 아빠가 떠났을 거야. 내가 좀 더 잘했다면 엄마 아빠를 잃지 않았을 텐데. 그런 종류의 감정 말이다. 준비되지 않은 때에 예상치 못하게 찾아오는 이별이 최악 같았다. 손쓸 틈도 없이 불가항력적으로 찾아오는 상실들.

이제 나는 어쩌면 엄마 아빠를 이해할 수도 있을 것 같았다. 엄마가 잃은 강아지나 아빠가 잃은 바다도 손쓸 틈 없는 상실이었을 것이다. 아빠에게 바다를 잃는다는 것은 다만 거대한 푸른 물과 그 속에 사는 생명체들을 잃는다는 뜻만이 아니었다. 몸에 와 닿는 파도의 감촉, 입 안으로 들어오는 짜고 비린 맛, 손가락 사이에서 살강거리는 모래알 소리……그런 모든 감각을 빼앗긴다는 뜻이었다. 오감과 기억과 삶 일부를 잃는 거였다. 바다에서 올라오는 신비한 이야기까지. 강아지를 잃는 일도 마찬가지일 것이다. 엄마는 강아지와 나눈 시간, 교감, 애착을 몽땅 잃었다. 열 살쯤 되는 아이에게 그것은 존재의 절반을 잃는 경험이었을 것이다. 진작 알아차렸더라면 이십년씩이나 울지 못했다는 엄마를 예민하다고 몰래 비웃지 않았을 텐데 싶었다.

여전히 벽에 기대앉은 채 나는 잃은 것들을 어떻게 해야 하는지 생각했다. 예전에 탔던 노란 자전거가 몹시 그리울 때, 어린 시절 곰인형을 다시 안고 싶을 때, 작년에 내린 눈을 다시 한 번 만지고 싶을 때, 그런 때 어떻게 해야 하는지 알 수 없었다. 그때마다 누군가 가슴을 한 삽씩 퍼가도록 내버려둬야 하는지.

3-1. 이 소설을 읽으면서, 위에 제시된 부분 외에 니은의 아픈 마음이 더욱 깊이 느껴진 부분이 있었다면, 아래에 써보고 친구들과 의견을 나누어 보아요.

교사 활용 Tip

니은에게 편지 쓰기

소설에서 니은을 성장하게 하는 두 인물이 이야기하려는 메시지를 생각해 볼 수 있도록 돕는다.

책읽기 자기읽기 ⑮

나는 선생님이 좋아요

1. 고다니 선생님을 만나기 전까지 데쓰조에게는 어떤 어려움이 있었나요?

2. 고다니 선생님은 어떻게 데쓰조를 도왔나요? 학교에서는 마음을 열지 않던 데쓰조를 변화시킨 고다니 선생님의 말이나 행동을 찾아서 적어 보세요.

3. 데쓰조는 고다니 선생님을 만나서 마음의 문을 엽니다. 자신의 주위에서 고다니 선생님과 비슷한 어른을 한 명만 찾아 적어 보세요.

4. 데쓰조처럼 누구에게도 말하지 못하고 속으로만 끙끙 앓았던 고민을 3번에서 이야기한 어른에게 털어놓아 보세요.

책읽기 자기읽기 ⑯

말더듬이 선생님

「진로는 북쪽으로」 편

1. 시노자와는 자신이 다니는 중학교를 '붕장어들이 모인 파이프' 같은 곳이라고 생각해요. 그렇게 생각하는 이유는 무엇인가요?

....

....

....

Tip 2. 다음의 예와 같이 서로 다른 두 낱말을 연결시켜 새로운 의미를 만들어 낼 수 있어요. 괄호 안에 말을 넣어 문장을 완성해 보세요.

예) 어머니는 (의자)다.
왜냐하면 (내가 편안히 쉴 수 있게 해주시니까.)

→ 나에게 학교는(   )이다.

왜냐하면, (   )

3. 2번 활동에서 가장 시노자와다운 문장을 적어 낸 친구는 누구인가요? 시노자와에게는 무라우치 선생님이 있었듯이, 이 친구를 누구와 만나게 해주면 좋을지 떠오르는 사람을 적어 보세요.

....

4. 시노자와가 아래 글처럼 마음이 가벼워진 데에는 무라우치 선생님의 영향이 컸습니다. 시노자와에게 큰 깨달음이 됐을 것 같은 무라우치 선생님의 말 세 가지를 찾아서 아래에 써보세요.

> 시험장인 고등학교 교문 앞에 서서 크게 심호흡을 했다. 교문에서 학교 건물까지 가려면 운동장을 끝에서 끝까지 가로질러 가야 한다.
>
> 남쪽에서 북쪽으로. 진로는 N, 하지만 No의 N이 아니라 NEW의 N이라고 다짐했다.
>
> 접수 선생님에게 수험표를 보여주고 교문을 지나 운동장으로 들어섰다. 학교 건물을 향해 걸어가면서 코트 주머니에서 나침반을 꺼냈다. 잠시 멈춰 서서 나침반을 손바닥 위에 올려놓자 바늘 끝이 정확히 북쪽을 가리키고 있었다.
>
> 좋아. 고개를 끄덕이고 나침반을 꽉 움켜쥔 채 나는 다시 걷기 시작했다.

5. 이 책을 읽으면서 여러분에게 가장 와 닿았던 무라우치 선생님의 말을 찾아 아래에 적어 보세요.

교사 활용 Tip

은유문 토너먼트

모둠원들이 돌아가면서 자신의 은유문을 읽고, 옆 사람이 그 이유를(왜냐하면~) 맞힌다. 맞히면 통과하고 틀리면 제대로 된 이유를 불러 준다. 학교에 대한 모둠원들의 생각을 모두 확인한 후, 그 모둠의 대표 은유문을 뽑도록 한다. (이때 의견을 모아 새 은유문을 만들어도 된다.) 각 모둠의 은유문이 다 정해지면 조별로 은유문을 발표하도록 한다.(학교는~이다. 왜냐하면~) 가장 공감이 가는 은유문과 가장 시노자와다운 은유문을 뽑아 칠판에 적고 이야기를 나눠 본다.

책읽기 자기읽기 ⑰

푸른 사다리

1. 다음 책 속의 한 부분을 읽고 아래 활동을 해보세요.

2, 3교시 공부 시간에도 윤제의 마음은 바윗덩이를 매단 듯 무거웠다. 사실 선생님과 함께 집에 간다 해도 엄마는 지금 식당 일을 가고 없다. 좁은 방 안에 벌여 놓은 밥상과, 몸만 빠져나오고 그대로 널브러져 있을 이불과 그리고……. 생각할수록 머리가 지끈거리고 아팠다.

윤제는 점심을 먹은 뒤 운동장을 가로질러서 교문 밖으로 나왔다.

'사라져야 한다!'

그러나 딱히 갈 만한 곳이 없었다. 잠시 망설이다 골목을 돌아서 학교 뒤쪽에 있는 지하도를 빠져나왔다. 발길이 가는 대로 터벅터벅 걸어서 예술의 전당을 짓고 있는 공사판을 지나 우면산으로 올라갔다. 산길에는 작은 풀꽃들이 저마다의 색깔을 자랑하며 소복소복 피어 있었다. 산길을 따라 올라가니 약수터가 나왔다.

"이놈아, 왜 학교 안가고 여기서 얼쩡거리는 겨?"

1-1. 위 글에 묘사된 윤제의 집 안 풍경을 상상해 보고, 아래에 그려 보세요.

1-2. 윤제는 왜 무단조퇴를 했을까요? 여러분은 이 글을 읽고 윤제의 마음을 이해할 수 있었나요? 그럴 수 있었다면, 어떤 점에서 윤제의 마음이 이해되었는지 자신의 마음을 솔직하게 적어 보세요.

나는

2. 윤제는 아래 상황에서 처음으로 가출을 하고, 지금 가출할 수밖에 없었던 자신의 마음을 이해받고 싶어 합니다. 여러분이 윤제의 변호사가 되어, 책 속에서 윤제가 아버지를 싫어할 수밖에 없었던 장면들을 찾아보세요.

> 윤제는 빵을 먹고 난 뒤 터덜터덜 걸어서 집으로 갔다. 집 가까이 이르니 문 앞에 아버지가 서 있었다. 아버지를 본 순간, 생각지도 못한 오기가 불뚝 솟았다.
>
> '내가 없으면 속이 시원하겠지. 빙신 같은……!'
>
> 윤제는 어금니를 꽉 깨물고 돌아서서 뛰었다. 불덩이가 굴러다니는 것처럼 속이 홧홧했다.

예) "대현아, 수현아, 너 아빠는 개고긴기라. 개, 고, 기. 그기 어디 인간이가!"
아버지는 술에 취해서 혀 꼬부라진 소리로 대현이 아버지를 욕했다. 윤제는 오히려 그런 아버지를 보면 구역질이 났다. 아버지가 엄마 머리를 벽에 짓찧고 허리띠로 갈기던 일들이 떠올랐기 때문이다. 솔직히 말해서 죽이고 싶은 사람이 아버지인지 대현이 아버지인지 구별이 안 갈 때도 있었다.

3. 다음은 윤제에게 일어난 일들을 정리한 것입니다. 빈칸을 채워 보세요.

① (22쪽) 가출했던 엄마가 윤제의 가족을 서울로 불러, 강원도에서 서초동 꽃마을 비닐하우스촌으로 이사 옴.

② (26쪽) 선생님이 가정방문을 오겠다고 해서 그날 무단조퇴를 함.

③ (80쪽) 혜미를 만날 줄 알고 기대하고 나간 자리에 태욱이 나와 자존심이 상해 크게 싸움.

④ (84쪽) ....

⑤ (89쪽) 중화관 형들이 시켜서 계속 좀도둑질을 함

⑥ (94쪽) 식구들 소식이 궁금해 몰래 기철을 만나려다가 엄마에게 붙잡혀 집으로 돌아옴.

⑦ (107쪽) 마음을 잡으려고 강아지 한 마리를 사달라고 해서 키우고 중학교에 입학함.

⑧ (118쪽) ....

⑨ (122쪽) 빈집을 털다 경찰서에 잡혀감.

⑩ (124쪽) 빈집 주인인 진우 엄마가 용서를 해주어 풀려남.

⑪ (142쪽) ....

⑫ (149쪽) 새대가리파가 중화관 형들이었음을 알게 되지만, 형들의 슈퍼마켓털이에 또 가담함. 수고비를 받고 이제는 손을 씻겠다고 하고 나옴.

⑬ (161쪽) 중화관 형들에게 끌려간 자리에서 싸움이 벌어져 경찰서에 모두 잡혀감.

⑭ (176쪽) 소년분류심사원에 갇힘.

4. 3번에서 정리한 것을 바탕으로 윤제의 인생 곡선을 완성해 보세요.

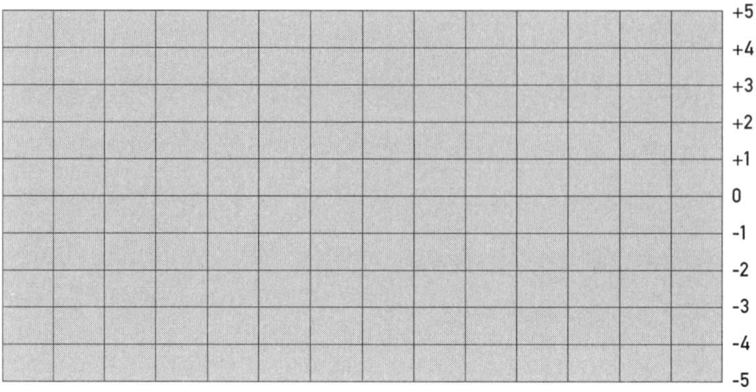

5. 여러분이 윤제라면 어떤 순간을 되돌리고 싶은지 윤제의 입장이 되어 '되돌리고 싶은 순간 best 3'를 찾아보세요.

1위 ....

2위 ....

3위 ....

6. '윤제가 참 잘못 생각하고 있다' 싶은 문장을 책에서 찾아보세요. 세 문장 이상 찾아서 쪽지에 쓰고, 짝꿍과 쪽지를 바꿔 본 뒤 왜 그렇게 생각하는지 이야기를 나눠 보세요.

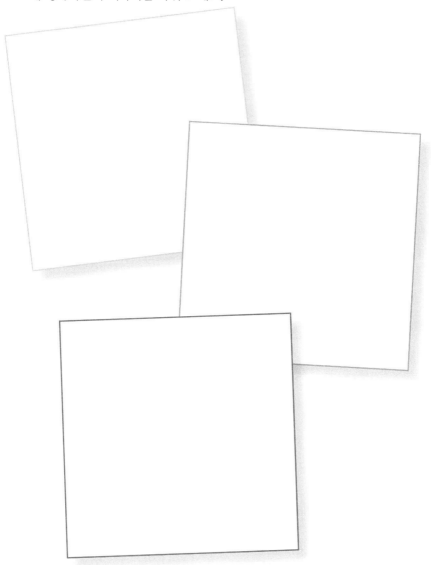

책읽기 자기읽기 ⑱

나는 죽지 않겠다

「라면은 멋있다」 편

1. 다음 책 속의 한 부분을 읽고 아래 활동을 해보세요.

때가 때이니만큼 나도 돈이 없다. 돈이 있더라도 돈을 쓰지 말아야 한다. 그걸 알면서도 나는 오늘도 돈을 썼다. 그깟 라면값 쓴 것도 돈 쓴 것이냐고 누군가 묻는다면 나는 아마 속으로 피울음을 울지도 모른다. 속으로 피울음 나는 것이 분해 나는 연주 집 앞에서부터 우리 집까지 열 정거장이 넘는 거리를 성난 소처럼 달릴지도 모른다. 그러나 묻는 사람 없어도 나는 찬 밤거리를 달려 집까지 왔다. 다행히 식구들은 아직 아무도 들어오지 않았다. 나는 원래는 오늘 낮에 해치웠어야 할 빨래를 하고 걸레질을 하고 밥을 했다.

연주가 내게 물었다.

"넌 집에 가면 뭐해?"

"밥 먹고 책 좀 보고 컴도 좀 하다가 음악도 듣고 그러다가 자는 거지 뭐."

말해놓고 나서 캬아, 어떤 자식인지는 몰라도 자식이 신세 늘어졌구나, 소리가 절로 나오려고 했다. 집에 온 나는 밥 먹고 내 방에 들어가 책을 보는 대신 부엌으로 들어갔다. 나는 라면을 먹었지만 식구들 밥을 해놔야 한다. 밥만 해놓고 국을 안 끓여놓으면 밥한 공도 무시당한다. 국까지 끓여놔야, 그래도 밥한 티라도 낼 수 있다. 밥을 안치고 내가 젤 자신 있는 김칫국을 끓인다. 두부가 있으면 좋겠다. 냉장고 문을 열어본다. 냉장고 안에는 오직 김치뿐이다. 누나가 기적적으로 두부를 사가지고 지금이라도 들어와 준다면 늦지는 않을 텐데. 그러나 누나는 오늘 밤새워 일해야 할지도 모른다. 누나는 대학 입학 합격 통지서를 받은 날부터 장례식장 식당에서 서빙 일을 한다.

1-1. 여러분이 생각하는 민수의 점수는 몇 점인가요?
(0점: 못났다 ~ 10점: 정말 멋지다)

내가 볼 때 민수는 (   )점짜리 고딩이다.

1-2. 1-1에서 점수를 높게 준 사람은 왜 그렇게 생각하는지 아래에 적어 보세요.

1-3. 1-1에서 점수를 낮게 준 사람은 민수가 왜 못났다고 생각하는지 아래에 적어 보세요.

2. 다음 책 속의 한 부분을 읽고 아래 활동을 해보세요.

"그 마음이면 됐어."

순간, 분한 마음이 엄습했다.

"야, 내가 니 옷 사주려고 편의점에서 가불 땡겨가지고 왔단 말야!"

"그러니까 더 못 쓰지. 그 돈 엄마 아빠한테 갖다 드려라 야. 너희 집도 우리 집 못지않게 힘든 것 같던데 니가 이렇게 함부로 돈을 쓰면 되겠냐? 사람이 양심이 있지."

연주와 내가 그렇게 옷 가게 앞에서 한참 옥신각신하는데, 저 앞쪽에서 낯익은 트럭이 다가오고 있었다. 아, 아버지의 행상 트럭이었다. 어디로 몸을 숨기려야 숨길 수도 없었다. 나는 그 순간, 어떻게 해야 할지 알 수 없는 채로 오래 눈에 익은 그 철제 깡통이 다가오는 것을 바라보았다.

"아들아, 여기서 뭐하냐?"

아버지가, 반갑게 얼굴을 내밀었다.

"도, 독서실에 가려구요."

"그래? 우리 아들 밥은 먹었냐?"

"예? 예!"

아버지가 주섬주섬 호주머니를 뒤지더니 구겨진 천 원짜리 지폐 몇 장을 꺼냈다.

"우유 같은 것도 사 먹어가면서 공부해라 이?"

꾸깃꾸깃한 지폐의 감촉이 꼭 아버지의 손같이 꺼칠했다. 아버지의 철제 깡통이 상가 골목 언덕을 내려갔다.

"우리 라면 먹으러 가자."

연주가 라면집을 향하여 앞장섰다. 나무젓가락 포장지를 뜯는데 문득 왼쪽 갈비뼈 밑에서 버저 울리는 소리가 났다. 연주가 단무지를 와사삭 씹으며 물었다.

"왜 그래?"

ⓐ"방금 왼쪽 갈비뼈 밑에서 찌잉 찌잉 버저가 울었거든."
"넌 멋있어."

2-1. 여자 친구로서 연주의 점수는 몇 점일까요? 위와 마찬가지로 0~10점을 기준으로 점수를 매겨 보세요. 왜 그렇게 생각하는지 이유도 적어 보세요.

내가 볼 때 연주는 ( )점짜리 여자 친구다.

2-2. 밑줄 친 ⓐ에서 민수의 마음에 왜 버저가 울렸을까요?

「힘센 봉숭아」 편

1. 다음 책 속의 한 부분을 읽고 아래 활동을 해보세요.

용우가 어렵게 받아낸 돈을 꺼내 본다. ⓐ돈이 돈이 아니라 왠지 자꾸만 눈물로 보인다. 저 돈 때문에 내가 울고 아줌마가 울고 엄마가 울고 아버지가 운다. 돈 때문에 울지 않는 건 무엇일까. 아줌마네 집 가게 앞에 나동그러진 봉숭아가 생각난다. 봉숭아는 돈 때문에 울지 않는다. 내가 발로 차버렸는데도 죽지도 않는다. 아, 그러고 보면 봉숭아가 이 세상에 가장 힘이 센가, 그 아름다운 꽃, 봉숭아가! ⓑ그러고 보면 아름다운 것들은 힘이 센지도 모른다. 그렇다는 것을 알게 된 것도 어쩌면 내가 아줌마네 가게에서 일을 했기 때문에, 아버지 말씀대로 밖에서 공부를 한 덕분이 아닐까. 이렇게 생각하니 아줌마가 그리 밉지가 않는 것이 참 이상한 일이다.

"아이고, 아무리 세상 험해도 젤 이쁜 것은 요것들이구나."

엄마는 베란다에 나가 식물들에 물을 주고 있다. 나는 돈이 든 봉투를 안방에 밀어놓고 집을 나왔다.

'아줌마 떡볶이' 집 봉숭아가 아직도 무사하길 바라며 나는 화분 가게로 갔다. 내가 아줌마네 봉숭아를 다시 화분에 심으려는 이유는, 내가 황폐해지지 않기 위해서다. 나는 아름다워서 힘센 봉숭아를 닮아 넘어져도 기를 쓰고 살아나리라. 나는 화분을 안고 밤바람을 가르며 떡볶이 가게로 달려갔다.

1-1. ⓐ와 같이 돈 때문에 우는 아줌마, 엄마, 아버지의 사연을 취재하려고 합니다. 이 소설을 천천히 읽으면서 이들의 이야기를 완성해 보세요.

취재 노트

(1) 아줌마

(2) 엄마

(3) 아빠

1-2. ⓑ의 의미를 생각하며 엄마, 아버지, 누나, 나의 '아름다운 모습'을 책에서 찾아보세요.

엄마

아버지

누나

나

책읽기 자기읽기 ⑲

열네 살의 인턴십

1. 미용실 인턴십을 가기 전 루이의 얼굴 표정과 갔다 온 뒤 얼굴 표정을 아래에 비교해서 그려 보고, 각각 어떤 감정인지 단어로 적어 보세요.(예: 나른함)

< Before >

< After >

2. 루이는 미용실로 인턴십을 다녀와서 굉장히 많이 변했어요. 여러분은 어떤 곳에서 인턴십을 하고 싶나요?

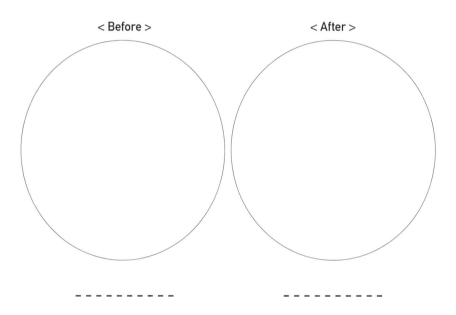

교사 활용 Tip

직업 흥미 검사

『13세의 헬로워크』(무라카미 류 지음, 강라현 옮김, 이레) 목차를 복사해서 나눠 주고, 관심이 가는 직업에는 O를, 관심 없는 직업에는 X를 표시하게 한다. O를 표시한 직업만 집중해서 보는 방식으로 진행한다. 먼저 그 직업들 중에 처음 들어본 직업만 체크하게 한다. 이어 좀 더 알아보고 싶은 직업에도 체크하게 한다. 그런 다음 체크한 직업에 대한 해설을 일일이 읽어 보게 한 뒤, 그중에서 희망 직업 세 가지를 골라서 내게 한다.

사전에 아이들의 희망 직업 세 가지를 미리 조사해 보면 더욱 재미있다. 의사, 교사, 공무원, 회사원 식으로 단순하던 직업이 굉장히 다양해짐을 확인할 수 있다. 아이들도 재미있어 한다.

책읽기 자기읽기 ⑳

달걀과 밀가루 그리고 마들렌

1. 아래 글을 읽고 다음 문장을 완성해 보세요.

"네가 초등학생이 되고부터 엄마한테도 짬이 생겨서 요리 학원에 다니기 시작했잖아. 엄마는 집안일 중에서 요리하는 걸 제일 좋아했고, 가족에게 맛있는 음식을 먹이고 싶다는 동기에서 시작했지만, 막상 시작하니까 좀 더 열심히, 좀 더 열심히 하고 싶어지더구나. 비웃지 않았으면 좋겠어. 엄만 요리사가 되고 싶어. ……그때의 너에게 말해 주고 싶구나, 엄마 열심히 해서 요리사가 될 테니까 응원해 줘, 하고 말이야."

내가 잘하는 일은 ....

나의 능력은 ....

내가 정말 행복하려면 ....

직업이란 ....

2. 아래 글을 읽고, 대학생 때의 나호 엄마에게 없었던 것과 마흔이 된 지금의 나호 엄마에게 있는 것은 무엇인지 떠오르는 단어들을 적어 보세요.

"엄마는 뭐가 되고 싶었어?"

나는 엄마를 외면한 채 나직이 물었다.

"잘 모르겠다는 대답이 진실에 가까울 거야. 뭔가에 특별한 재능이 있는 아이도 아니었고, 당연한 듯이 학교에 다녔고 그러다 보니 어느새 대학생이 되어 있었어. 엄마는 대학에서 프랑스 문학을 공부했지만 졸업하고 나서 전공과는 전혀 관계없는 은행에 취직했지."

"안데르센의 '빨간 구두'를 원작으로 만든 영화였는데, 무명 발레리나가 전부터 갖고 싶어 했던 빨간 토슈즈를 얻어요. 그러자 그때부터 계속해서 역할을 맡게 돼요. 주인공 역할을 맡게 되죠. 연인에게 프러포즈를 받지만 무대에 대한 열정을 꺾을 수 없는 그녀는 그만 거절하고 말아요. 마지막에 그녀는 그의 팔에서 죽고 말지만요. 그때가 바로 그녀가 빨간 구두를 벗었을 때예요.

그 영화를 보았을 때 요코하마 신발 가게의 두 켤레의 샌들이 생각났어요. 마침 회사를 그만둔 직후여서 앞으로 뭘할까 생각하고 있던 참이었거든요. 나는 언제나 빨간 구두를 포기해 버렸어요. 정말 그랬어요."

대학생 나호 엄마에게 없는 것

3. 카인즈(www.kinds.or.kr)에서 직업을 바꾼 사람들을 인터뷰한 기사를 검색해 보고, 그 사람들 중 한 명을 토크쇼에 초대한다고 가정하고 사회자가 되어 질문지를 작성해 보세요. 출연자의 예상 답변 또한 만들어 보세요.

출연자 :

질문 :

예상 답변 :

십대 마음 10大 공감

1판 1쇄 발행 | 2011년 12월 20일
1판 4쇄 발행 | 2014년 11월 20일

지은이 | 김미경, 이수정, 지현남
펴낸이 | 박철준
편집 | 허현정, 김나연
디자인 | 이은혜
펴낸곳 | 찰리북
등록 | 2008년 7월 23일 (제313-2008-115호)
주소 | 서울시 마포구 동교로18길 33, 201 (서교동, 그린홈)
전화 | 02)325-6743 팩스 | 02)324-6743
전자우편 | charliebook@gmail.com

ISBN 978-89-94368-10-8 03370